風水！有關係

{不動格局 超強擺設開運法}

跟著風水名師這樣做，不必大動工程，
就能開創事業新局、招財迎福、好桃花跟著來。

前言

只要改變家具的擺設位置，
好運自然跟著來！

從大型家具、家電到個人電腦，只要了解日常生活物品的風水屬性，將對的物件擺在對的位置，簡簡單單就能開創好運氣！

好的擺設風水布局可以起到補五行的作用，如果五行陰陽平衡協調，一生都會順暢，相反則一生命運多舛，但是……

「房子的格局不好，又沒有錢能搬家怎麼辦？」
「辦公室的風水不佳，但也不能隨意換位置、換工作怎麼辦？」

這種時候，你可能會想：有沒有不更動現狀格局，也能夠改風水的方法呢？答案是肯定的！或許你沒有多餘的存款能換房子，也無法放棄努力了好幾年的工作，但是你可以調整日常物件的擺放位置、方向，創造強運的風水空間！這本書以你生活的環境為基準，從居家、工作場所，帶你認識日常周邊物件的五行屬性，以及整個格局

空間擺設需要注意的重點事項，只要掌握好原則，避開煞氣，自然能消除惡運，擁抱好運人生！

　　想要順遂平安的生活嗎？現在，就跟著風水大師們調整居家環境的周邊擺設，因地制宜，找出最適合自己的風水，讓你在工作中能避開小人、獲得財運；在感情裡能夠桃花朵朵開，終結萬年單身；在家庭生活中，可以平安健康又順利！

目錄

Chapter 3

居家好擺設，生活平安又順遂

Chapter 4

職場好擺設，升官發財貴人到

Chapter 5

提升運勢的風水祕笈

Chapter 1
必備風水概念

你知道家具的擺設會影響風水嗎？
這一章教你分辨生活周遭擺設所屬的五行，
掌握基礎風水概念，就能自己創造好風水。

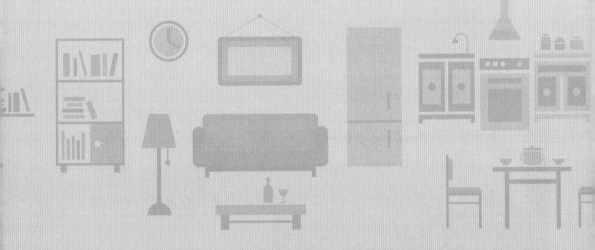

與生活息息相關的擺設風水

古今環境不同，往昔生活中並沒有科技用品，因此不少人疑惑傳統風水該如何對應現代居家生活呢？

由於都市發展、新產品不斷發明，人類面對的風水問題遠比古代更為複雜。儘管如此，大家也別擔心現代的風水問題無法解決，依照古人智慧結晶的風水原理，各類居家電器擺設還是有脈絡可循。不論是大型家具、家電，還是個人隨身的智慧型物品，只要了解日常生活物品的風水屬性，將對的物件擺在對的位置，簡簡單單就能開創好運氣！

✢ 科技帶來的風水問題 ✢

隨著時代的發展，家家戶戶的電器用品也日益增多，這些家電雖然是現代科技工具，卻會影響到居家的風水，如果我們不了解家電的風水原則，對於現代居家風水學就無法透徹地布局擺設。下面就讓我們來看看這些科技用品所帶來的風水問題：

1. 聲音

　　一間臥室布置得溫馨浪漫，新婚夫妻臥居其中，照理說應該是幸福美滿，但是女主人睡不到三天，卻晚晚失眠，常常驚醒，原來因為男主人喜歡在床上看電視，如果看到喜歡的影集，一看就欲罷不能，導致已經就寢的女主人，無法安靜入眠。現在的液晶電視愈做愈薄，但是尺寸也愈來愈大，所以不少人將電視擺放在床前，猶如一面大鏡子，具有反射作用，在這樣的環境中睡久了，容易使人心神不寧，還會引起夫妻之間的爭吵，最好在電視機前加裝一塊布遮住。

　　以上的案例，是許多家庭常遇到的困擾；此外，其實電器用品中有不少會發出擾人的聲音，如吹風機、吸塵器等等，常常干擾人的

▲床前不應擺放電視。

思緒，令人感到不安，也會使聽覺敏感度降低。這類的電器不僅會造成家人的溝通問題，甚至影響左右鄰居的安寧，建議加強房間隔音，或是使用具有靜音效果的電器用品。

2. 光熱

由於小套房的空間過小，沒有地方晾衣服，於是屋主買了一台烘衣機放在客廳，每每啟動烘衣機時，整個客廳的溫度也會跟著升高，猶如心中有把火在燃燒般，導致男主人脾氣愈來愈火爆，只要一句話不順他的意，他就會對家人大小聲。由於烘衣機就類似一個火爐，如果擺放在客廳就像進門見火，一肚子火。

會產生光或熱的電器產品還有很多，如電腦螢幕、電磁爐等等，這類型的光熱聚集過多，就會導致房屋內氣場不平衡，因此在擺放時，要放在散熱良好之地，平常的使用時間也不宜過長。

3. 震動

只要冷氣一開啟，冷氣機壓縮機就會出現巨大的震動力，擺在出入口，就像一把可怕的刀子一直旋轉，如果是設立在大門虎邊，容易影響女性；如果是在龍邊則會影響男性，使居住者易患慢性疾病，因此最好避開出入口範圍，才不會造成傷害。

這類會產生震動的電器用品，如洗衣機、乾衣機，最好擺放得離人的活動區域也就是客廳、臥室愈遠愈好，減少居家風水的破壞。

4. 氣流

家中冷氣直接對著餐桌吹，美味佳餚總是一上桌就涼了，涼颼颼的冷風也間接讓人不愛待在餐桌上吃飯，而冷風直接吹往餐桌，則會影響餐廳氣場，也易導致家人之間不和睦。

會產生氣流的電器用品可不少，如空氣清淨機、電暖器等等，要注意風水「藏風聚氣」、「青龍宜動，白虎宜靜」的原則，將這類用品放在家中吉位，就能將吉祥之氣吹至家中各個角落，並避免放於白虎位（人站在內，面對門口的右手邊），否則人財不聚，也會影響身體健康。

▲冷氣擺放位置不應直接對著餐桌。　　▲床頭不可擺放延長線插座或電器用品。

5. 電磁

　　電腦、微波爐、烤箱、手機等，所有電器用品或多或少都會產生干擾人體的電磁場，發出改變風水磁場的力量，因此在人們休憩或坐臥之處，盡量不要擺放太多電器用品。而延長線等充電插座，也不可擺放在臥室的床頭附近，睡久了可是會引起身體疾病，影響腦部思緒喔。

　　不同於古代的三合院落，現在陽宅類型千變萬化，而各個家庭的生活條件也不盡相同，大家購買的電器用品自然也不有不同功效，不過總結起來，**擺放風水哲學還是以「藏風聚氣」為原則**。風水命理中常提到「氣乘風則散，如氣散則萬物衰敗。」指的就是對氣流要有良好的規劃，由於房屋內吉氣需要靠乾淨、舒適、穩定的氣流

▲熱水器、洗衣機應擺放在室外陽台。

吹入，避免震動、太熱或太冷的氣流攪亂屋內氣場。依此原則，洗衣機、熱水器最好擺在陽台，而冷氣機、電暖器等用品，也要避免正對沙發，免得使人不適。

當然也要注意居家的動線，不可被家具或家電用品阻擋，走起路來彎彎曲曲的，也會使前途之路崎嶇不平。因此，適當地調整出最適合自己的風水，才能讓你在工作中避開小人，獲得貴人相助；在感情裡能夠桃花朵朵開，夫妻感情和睦；在家庭生活中可以平安健康又順利！

風水！不求人

時鐘的擺放位置

古代沒有時鐘，是以日晷來測量時間，因此一定南北向擺放才能看出時針的影子，如果東西向擺放，無法得知時針如何跑，所以在風水中，正東與正西不適合擺時鐘。居家時鐘除了避免擺在正東方和正西方之外，也不宜掛在門框上面，容易造成莫名的緊張感。

科技產品擺放好，從此沒煩惱

掌握陰陽五行，塑造和諧空間

居家用品的顏色、屬性跟風水有關係嗎？

相信你一定有過這樣的經驗，在挑選家具或家電用品時，木質調的居家情境，帶給人一股沉穩安定的氛圍；金屬質調的擺設，讓人充滿理性時尚的感覺。為什麼我們的感受會有如此大的差異呢？

在風水學中，由於自然界的每樣物品都有屬於自己的能量，時時刻刻影響著周遭環境的磁場，而我們深受觸覺、視覺等感官主導，所以根據物品的功能、色彩、形狀不同，能量的作用就有程度上的差異。因此，在借助風水原則調整房屋氣場、提升個人運勢時，必須

▲金屬調與木質調的居家環境給人截然不同的感受。

透過這樣的能量影響，來塑造空間的和諧感，達到人與居住環境的
平衡。

✢ 遵守自然法則的五行概念 ✢

　　為了讓所有事物有明確的分類，風水中以「五行」使物品和每一
個人各歸其位、各得其所。要想某物品對環境、對人發揮有利的能
量，首先就要對該物品的「五行」屬性進行準確的定位，哪怕是小
到一盆花草，細到一幅字畫的顏色，都必須確定是「五行」的哪一
種屬性，才能讓居家物品，發揮其最大功效。

那麼，首先我們就先了解「五行」的概念元素，分別為：

屬性	解釋	常見物品
木	意指植物。花草樹木在自然界中，具有不斷生長的特性。	‧木質家具‧圖書 ‧花草樹木
火	意指火焰。火焰在生活中，具有發光、發熱的特性。	‧電燈‧瓦斯爐 ‧微波爐
土	意指土壤。大地是萬物之母，具有生化、承載的特性。	‧陶瓷品‧石材家具
金	意指金屬。金屬在運用時，具有收斂、變革的特性。	‧金屬物品‧金銀首飾 ‧銅製品‧剪刀
水	意指水流。水流在自然界中，具有滋潤、向下的特性。	‧魚缸‧液態的物品 ‧水龍頭

　　風水的「五行」，除了可以依照物品的屬性分類，也能根據顏色的色調來區分。色彩本來就是渾然天成，並不是一門深奧的學問，天空的顏色、樹的顏色、雨的顏色、土的顏色、花的顏色、人的顏色……多采多姿的世界裡，每種顏色都是相互對應，產生和諧的共鳴。把這些色彩運用在陽宅中，不僅必須彼此協調，也要與人產生共鳴，所以不論是地板、牆壁、大門，或是擺飾、桌巾、燈光的顏

色呈現，要注重整體效果設計，才能產生有利的居家風水磁場，進而使居住者有愉悅的心情與視覺感受。

✦ 風水五行的顏色 ✦

利用顏色來調整風水磁場，是多麼有趣的事情！當然在此之前必須要了解每個顏色背後的含義，根據五行的屬性不同，所代表的顏色也不同，以下列出各屬性的顏色供大家參考。

五行	相對顏色
木	綠色、青色
火	紅色、橘紅色、紫色
土	米色、黃色、咖啡色
金	白色、金色
水	黑色、灰色、藍色

色彩可使人產生不同的情緒變化，有些顏色有助和緩心情，有些卻使人感覺無法安定，所以居家布置時應該要小心選擇。尤其，在調理風水的顏色使用，更不是隨屋主個人喜好而自行發揮，最好是藉由五行相生相剋原理，讓風水達到一種平衡，才能為屋主帶來充

沛的能量，提升健康、人緣、金錢等運勢。下面就讓我們一起來了解這五種概念元素所產生的變化，這些變化使得宇宙萬物循環不已，同時也會影響到人們的生活環境！

✤ 風水五行的相生相剋原理 ✤

就像瞭解了英文單字之後，必須懂得英文文法才能進行對話一樣，我們明白了五行的基礎原理之後，接下來就要探討五行之間的對應關係。我們都知道大自然是非常奧妙的，就像「螳螂捕蟬、黃雀在後」的原理一樣，五行的每個屬性都有相生相剋的法則存在。

五行相生，代表著彼此促進發展，主要的原理如下：

・木生火：透過鑽木取火，生化成火，故有木生火的原理。
・火生土：火將樹木燒成灰燼，就變為土，故有火生土的原理。

· 土生金：土壤裡含了金屬礦物，故有土生金的原理。

· 金生水：以金屬器物挖取地下井水，故有金生水的原理。

· 水生木：水灌溉樹木讓樹木生長，故有水生木的原理。

五行相剋，代表著彼此互相牽制，主要原理如下：

· 木剋土：植物生長時破土而出，故有木剋土的原理。

· 土剋水：俗話說「水來土掩」，土可以阻擋水流，故有土剋水的
　　　　　原理。

· 水剋火：水能夠將火撲滅，故有水剋火的原理。

· 火剋金：金屬都有燃燒的沸點，故而火剋金。

· 金剋木：金屬器物能砍伐木材，故有金剋木的原理。

　　我們在添購家中物品時，除了個人的喜好之外，也需要參考「五行」的相生相剋法則，打造最順應自身氣場的居家環境。例如，有些人喜歡在廚房櫥櫃擺設物品，依據「木生火」的原則，屬於火熱地區的廚房，適合擺放綠色的物品，有加分的作用，可以提升運勢。

　　風水並非迷信，而是根據自然界演化而來的一些原則，就像五行的基本原理，其實也是我們生活當中，隨處可見的生態，當我們了解其中奧妙，自己布置居家物品時就會特別有趣了。

辨別風水方位，妙用蘊藏靈氣

年長者挑選房子向來講究房屋的座向，而現在不少年輕一代購屋，也會特別注意風水的布置，不外乎就是希望未來運勢能愈來愈順利。的確，在風水中除了講求房屋的座向之外，屋內各方位的擺設也是不容輕忽的，一旦居家用品擺放的方向有所改變，就會直接影響陽宅風水的吉凶，因此，了解每個方位代表的含義就顯得格外重要了。

✦ 方位靈獸的五行屬性 ✦

風水中有其專有名詞來稱呼方位，主要是由於古代把天空分為東西南北四宮，每一宮由各個星宿連線成形，並且以其形狀來命名，東方稱為「青龍」，西方稱為「白虎」，北方稱為「玄武」，南方稱為「朱雀」，中間則為「勾陳」，而這也是中國古代神話傳說中的神獸。這些神獸常出現於漢族建築中，富有祛邪、避災、祈福的作用，並且依照陰陽五行，含有各自的屬性。

　　現代地圖都是北方在上方，而中國傳統方位是以南方在上方，所以四方位則是左青龍（東）、右白虎（西）、前朱雀（南）、後玄武（北）來表示。首先就說明這幾個方位所代表的概念。

一、東方青龍

　　青龍是東方七星宿的總稱，身形如長蛇，帶有麒麟首、鯉魚尾，自古以來就被賦予尊貴的權力象徵。由於東方屬木，故為綠色，名為青龍。青龍方位代表陽剛，在陽宅風水中影響著男性的運勢發展，也關乎所有居住者的財運，因此青龍位興旺，也帶來提升財運的力量；青龍位如果出了問題，則會造成家中男性成員的前途發展坎坷。

二、西方白虎

　　白虎是西方七星宿的總稱，形體如虎，充滿勇猛的力量。由於西方屬金，故為白色，名為白虎。白虎位於青龍相對的右邊，代表女性成員的運勢發展，也關乎所有居住者的健康運勢。由於老虎自古以來就被人認為是凶禽猛獸，因此盡量不可擾動此方位以免造成煞氣，如果白虎位出了問題，可能會影響健康或是血光之災等等。

三、南方朱雀

朱雀是南方七星宿的總稱，形狀如鳥，也被稱為鳳凰。由於南方屬火，故為紅色，名為朱雀。陽宅前方為朱雀位，影響居住者外出運勢與前景發展，由於鳥類擅長飛翔，所以此處必須開闊潔淨，避免有高樓壓迫、高壓電塔、變電站、巨大水塔等建物，才不會受限事業前途的發展而影響財運。

四、北方玄武

玄武是北方七星宿的總稱，連線成的靈物是由龜和蛇組合而成，象徵著長壽。由於北方屬水，故為黑色，名為玄武。陽宅後方為玄武位，影響居住者人際關係，在風水上為了無後顧之憂，所以居家的後方必須安靜有屏障，不能開池塘，也不能有河流、馬路，才能穩固的保護家中的財庫。

五、中央勾陳

勾陳六星，呈勾狀，形狀像鹿，頭上有角，全身有鱗甲，尾像牛尾，自古以來就被視為祥瑞之獸。由於中央屬土，故為黃色，名為勾陳。陽宅中央部分為勾陳位，在風水學上佔有重要位置，猶如人類的心臟，象徵能量的儲存與平衡，因此為了保持一顆平靜的心，

中央格局要避免設計成廚房或廁所，否則勾陳擾動就會造成居住者坎坷不順。

方位分辨秘訣

人站在房內，面向陽宅的大門外，門的左邊方向指的是「青龍」，門的右邊方向指的是「白虎」，門的前面方向指的是「朱雀」，門的後面方向指的是「玄武」。如果是要看床的方位，則是以平躺在床上時，左手邊為「青龍」，右手邊為「白虎」。其他家具也可以以此類推來判斷方位。

✤ 龍虎方位的風水法則 ✤

在風水中，不論單層住宅或是獨棟院落都必須顧及方位的布局，首先說明關於青龍、白虎兩方位的對應關係。

1. 龍高虎低

俗話說：「祥龍在天」，就習性來看猛虎自然不宜高過祥龍，否則就違反了自然，因此不論是外在環境或是居家格局、室內擺設，最好符合龍邊高、虎邊低的原則。

2. 龍動虎靜

祥龍要高飛才能活動，猛虎狩獵時須安靜盯緊獵物，因此風水上也遵照著青龍宜動，白虎宜靜的原則，避免猛虎發威，傷到居住者。

3. 白虎開口，無路可走；青龍開口，金銀萬斗

猛虎開口，非死即傷，因此對應在陽宅風水中，如果走道或是大門開口在白虎位就容易造成居住者傷害。因此一般大門都以開左門較佳，忌開右門。

4. 龍寬虎闊

　　龍虎兩邊的空間最好各留有空間，以臥室內床位的擺設來說，床位的左右兩邊不能帶有壓迫感，如果左邊有牆壁或櫃子壓迫青龍位，則男主人事業必定不順遂；同樣的，若是右邊逼虎，則女主人也會無法施展長才。

5. 龍怕臭、虎怕吵

　　以書桌為例子，人坐在桌前，書桌左邊是青龍位，右邊白虎位。由於龍是一種吉祥靈物，因此千萬不可有臭氣或穢物阻擾行走，龍邊最好不要擺放垃圾桶、食物等會發臭的物品，而虎邊秉持著安靜勿騷動的原則，故電話、傳真機、電燈等均應放置在左方。

✤ 避開方位煞氣 ✤

　　風水主要講求的是平衡和陰陽調和，過與不及都不是最好的做法，然而陽宅風水有許多無法避免的煞氣，尤其是周遭環境，我們更是無法掌控，如果稍不留意將會引來家運敗壞，甚至疾病纏身、漏財不斷，不可不慎。

1. 龍邊碰壁

　　大門開門，左邊龍邊碰到牆壁，形成虎強龍弱的格局，導致家中男生的事業起伏大或是運勢低落，可在牆上擺放鏡子或山水畫，看起來有開闊的遠景，加強龍邊氣勢使龍虎平衡。

2. 白虎抬頭

　　如果住宅大樓右方的白虎位對比其他方位，過於高大，就是犯了白虎抬頭的煞氣。不僅居住者特別缺乏安全感，也不容易得到貴人的幫助扶持，還會影響健康，犯血光之災。建議最好在門口擺放獅咬劍或福木，以化解煞氣。

▲大門打開後左邊碰壁，
　容易家運低落。

▲若自家大樓的右側比較高，會影響健康。

3. 朱雀鬥口

　　當自家的大門與對面鄰居的大門正面向相對，容易破壞兩家人的氣場，造成彼此感情不和，就如兩隻鳥在吱吱喳喳地爭吵，此又稱為「對門煞」。在風水上來說，大門壓過小門，所以可以在家門口掛著八卦鏡或山海鎮，加強氣場。如果是在屋內的兩個房間門，則容易引起家人之間的糾紛，建議掛門簾作為化解。

4. 玄武無靠

　　玄武位必須有依靠，因此避免有下陷的地形，或開門的格局，否則容易使得家人事業根基不牢，容易坐吃山空，家業難守。以座位

▲若與鄰居大門相對，應掛上八卦鏡。

來看，椅子後方如果沒有實牆或是有門沖，就是犯了玄武無靠的煞氣，應該改變方位倚靠實牆為佳。

▲椅子後方沒有實牆，容易坐吃山空。

風水！不求人

社區大樓風水停看聽

很多人在選擇社區大樓時，不知該如何看風水？首先站在社區大門正前方向外看，左邊為龍邊、右邊為虎邊，然後遵守以下三大原則：

❀ 龍高虎臥：左邊大樓宜高，右邊大樓宜低
❀ 龍近虎遠：左邊大樓密集靠近，右邊建物遠離
❀ 龍盛虎衰：左邊大樓林立，右邊建物稀少

規劃天羅地網，平衡空間氣場

好的擺設風水布局可以使得五行陰陽平衡協調，讓居住者各方面都能順順利利，相反的話則會使命運多舛。不過，想要順遂平安的生活，可不只是擺設得當，還要注意風水上的「天羅」、「地網」。所謂頭上為天羅，天羅指的就是天花板，而腳下踩著的地網，就是指地板。

俗話説「頭頂青天，腳踏實地」，因此天羅與地網的規劃關係著陽宅整體空間的氣場，適當的高度不僅有助於空氣流通，對住宅的氣運也較有助益。如果太過壓迫，住在屋子裡的人，運勢容易被困住；如果太過空曠，人氣難以聚集，則難有好的發展機會。這個章節就讓我們一起跟著風水大師們，調整居家的空間氣場吧！

✤ 天花板明亮，前途光明 ✤

天羅在上，就要明亮開闊，象徵著天空明朗、萬里無雲；而高高在上的天花板，在住宅風水中是天的象徵，雖然不至於影響日常居

住生活，但是假如天花板牆面的油漆有剝落或是壁癌的現象，都會導致家中漏財不斷，甚至影響屋主健康，因此最好處理好壁癌，並重新上漆。

如果是客廳的天花板過低，代表男主人有志難伸，建議在天花板下陷的地方擺一個水晶柱，有把天頂起來的含義。如果客廳上方有吊扇旋轉，就像頭上有刀子在轉，造成客廳的磁場不穩定，輕則影響居住者情緒起伏、家人坐不住，會有不安定感，重則會有血光之災，最好換成落地式的風扇。總之，居家裝潢盡量避開垂掛式的設計，如吊燈、吊扇等，形同將天花板降低，造成風水上的「天羅」問題。風水上說「天圓地方」，天圓也象徵處事圓融、待人和氣，因此天花板上的燈飾或裝飾以圓形為佳。

▲家中應避免有垂掛式的設計，如吊燈。

✦ 地板平順，住得安心 ✦

地網在下，顏色要比天羅要深厚，如此才能腳踏實地、四平方穩，避免發生「頭輕腳重」的問題。地板代表家中的運勢，舉例來說，象徵女主人權力的廚房若地板下陷，代表女主人的地位低落，不易守財；而陽台地板若是傾斜，則會影響後代子孫的前途，建議可放置地毯、防水墊等以化解危機。

如果地板有裂縫，或是磁磚破了，解決的方法其實不難，只需要在損壞的地板上鋪上地毯，即可阻擋地網破裂的形煞。基本上，如果陽宅同一層地板上顏色不同，又有高低起伏，代表家裡的運勢容易起伏大，最好是換成一樣的顏色材質，或是鋪設地毯。

▲家中地板應同樣顏色材質，並避免地板損壞。

✦ 牆壁同色，賞心悅目 ✦

家中的風水有時藏在細節裡，除了天羅地網需要格外注意規劃，陽宅內的牆壁也不能忽略。牆壁的顏色也要避免五顏六色，以免運

勢、磁場太過混亂，造成五行相沖，如果在臥房則容易有睡眠不佳的狀況，最好將房間漆成單一色彩。

如果家中牆有裂縫，家人溝通容易出狀況，久而久之會影響家人之間的感情，只要平常多多注意，就能避免災難擴大，最好定期將牆壁粉刷油漆，並掛上家人的合照，以增添家人間的情感。

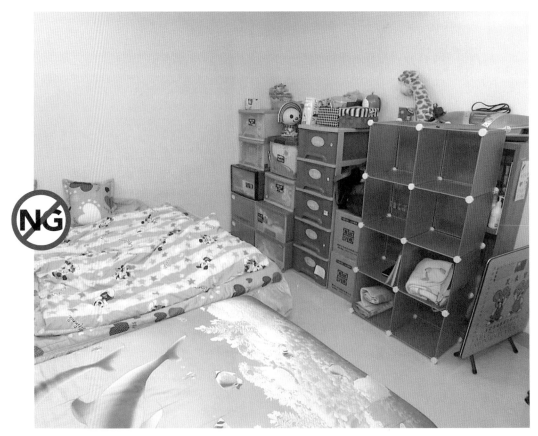

▲房間內的牆壁要避免五顏六色。

✤ 好窗自能迎吉納氣 ✤

　　風水中以「門為口、窗為眼」，其中窗戶也是陽宅對外流通的氣孔，因此關於窗戶的風水也不可忽略，窗戶上如果有窗貼撕毀痕跡沒有清理乾淨，容易導致居住者有眼部的疾病。如果冷氣裝在窗戶上，則代表眼睛被蒙蔽了，容易識人不清，所以若在客廳窗戶上安裝窗型冷氣，居住者容易錯把小人當貴人，把壞人當好人，最好要把冷氣移開。

　　此外，牆面上的窗戶數量如果是兩扇平行，在風水上稱為「哭字窗」，會使居住者思緒變得悲觀，也容易讓人發生扼腕的事情，阻礙事業的發展。由於打掉窗戶工程浩大，封掉窗戶又會影響採光與氣流，湯鎮瑋老師建議比較簡單的化解方式就是加裝窗簾，以避開哭字窗帶來的影響。

▲牆面上若有哭字窗，應加裝窗簾。　▲冷氣機不應裝在窗戶上。

✦ 適合居住的樓層 ✦

現在的大樓愈蓋愈高，因此，高樓層也愈來愈多，而買房子挑選樓層是有學問的，在易經裡頭有提到卦象合不合居住者的問題，謝沅瑾老師就要來告訴大家，怎麼樣的樓層是適合自己，或到底適不適合家裡的人居住。

Step 1 首先要先從農曆的出生月份找出適合的五行屬性：

農曆出生月份	五行屬性	屬性原理
1～3月（春）	木火	由於春天植物生長得太別快，適合五行屬木。其次，陽光的溫度和煦的照射植物，因此適合五行屬火；但是此時春雨綿綿，容易使幼苗泡爛，所以不適合五行屬水。
4～6月（夏）	金水	夏天太陽正大，最怕乾柴烈火，因此不適合五行屬火和木，反而適合五行屬金跟水。
7月（秋老虎）	金水	初秋溫度仍很高，所以同4～6月，適合五行屬金跟水。
8～9月（秋）	土木	中秋之後，天氣開始轉涼，秋收豐碩，因此適合五行屬土跟木。
10～12月（冬）	火木	寒冷的冬天降臨，需要溫暖的太陽和綠色的植物，因此適合五行屬火跟木。

Step 2 對照上表的月份找到自己或家人所屬五行之後，再對照此表
　　　 找出適合居住的樓層尾數。

樓層高度	五行屬性
1、6	水
2、7	火
3、8	木
4、9	金
5、0	土

　　以下以簡單統整說明：

·1 月到 3 月出生：適合的樓層尾數 2、3、7、8

·4 月到 7 月出生：適合的樓層尾數 0、1、4、6

·8 月到 9 月出生：適合的樓層尾數 0、3、5、8

·10 月到 12 月出生：適合的樓層尾數 2、3、7、8

　　找到屬於適合自己居住的樓層後，買房子或租房子時就可以加以
注意，因為住到合適的房屋樓層，不僅對自己、家人在事業、情感、
財運等有加分作用，更能幫助我們使運勢更旺、行事更順利喔！

Chapter 2

鑑定好宅風水，幸福美滿事事順

想要提升財運、桃花運、健康運，

除了看室內，當然也要看屋外狀況，

即使格局、環境無法變動，

仍然可以利用一些風水妙方來提升運勢！

屋內格局的風水禁忌（一）：
公寓、大樓

許多人汲汲營營追求財富，無非就是為了讓家人跟自己有個安逸的避風港，不過，在房價日趨高漲的年代，除了購屋之外，也有不少人以租房的方式來打造溫暖的家。對於住房的選擇，除了考量口袋深度與地點，關於屋內格局的風水，不論你是購屋族還是租屋族，在居住前都必須先做好相關功課，因為房子不單只是遮風避雨的場所，更是攸關我們幸福人生的關鍵。

屋內格局對於居家風水甚為重要，不僅可以避免犯小人、血光之災，更可帶來好運與幸福美滿，但是，一間房子的格局大多在建造時就已經決定好了，因此懂得挑選好的屋內格局，即被視為是否能夠入住風水好宅的關鍵因素。

✦ 打造完美房屋格局 ✦

有時候，不免會好奇有些房子一進家門就給人舒適溫馨的感覺；而有的房子則令人坐立難安，究竟會產生這些差別的原因何在呢？

其實最主要就在於格局的好壞，一般來說，**方正、寬敞、明亮並且布置和諧的格局是陽宅的最佳選擇。**以下幾點是挑選房屋時必須注意的風水事項。

1. 陽宅格局有缺角

如果房型不方正，容易影響身體健康，阻礙事業發展、斬斷財路。而缺角的地方磁場較弱，根據方位對於居住者身體狀況有不同影響，如：北方屬水，如果北方缺角容易影響身體的泌尿系統；南方屬火，如南方缺角容易影響供給動能的心臟；西方屬金，如果西方缺角容易影響肺部；東方屬木，如果東方缺角容易影響神經系統。

以下利用簡易表格來說明：

各方位缺角對身體的影響	
缺東、東南	神經系統、內分泌
缺南	心臟
缺西	呼吸系統、肺
缺北	泌尿系統、腎臟
缺東北、西南方	消化系統、腸胃

　　若無法避免缺角，謝沅瑾老師建議可用 36 枚五帝錢來化解，舉例來說，若是 L 型的缺角，可將 36 枚五帝錢平均分成兩邊，各 18 枚；若是 H 型的缺角，則平均分成三邊，各 12 枚，以此類推，利用五帝錢即可補足缺角所帶來的影響。除了缺一角的陽宅，另外還有梯子形狀的「鋸齒房」更為凶險，容易造成血光之災，詹惟中老師建議可以在轉角處掛放九宮八卦牌或五帝錢，藉以化解房型帶來的煞氣。另外，也可以在沒有對到門的牆面上加裝鏡子或茶玻璃來化解。鏡子的長度應該參照文公尺的吉數，如：188、146、81 等等，以牆角處為基準來擺放。

正東方缺角

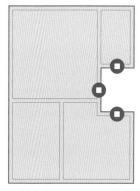

▲缺角的格局可用五帝錢化解，
　若為此格局則一邊 12 枚，共 36 枚。

鋸齒房格局

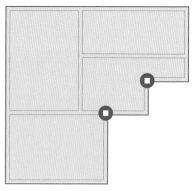

▲缺角如梯子形狀的鋸齒房格局
　容易有血光，可在轉角掛五帝錢。

 缺角房影響大，靠自己補救增強

2. 房屋格局外凸

如果不是內凹反而是外凸，那麼外凸的房間，會因為氣場太強導致無法承受，易有血光之災，最好改成書房，不要當成臥房，或是在凸出的地方放上櫃子，使房間變方正。

3. 房屋格局前低後高：

陽宅前方大多為客廳，但是因廚房或浴廁管線安裝而將這一部分空間墊高，造成格局上前低後高，代表後方的廁所、廚房地板高於客廳，容易影響家人運勢。如果是廚房過高，則會造成家中女性氣勢強；男性事業、運氣低落。假如是廁所高於客廳，裡面的溼氣、廢氣等不好的氣體容易從廁所排出，造成穢氣向下流，影響健康。

湯鎮瑋老師建議可在客廳四個角落擺放白水晶柱，增加客廳的地氣，藉以平衡廚房或廁所較高的格局。或是廁所外種植闊葉植物，利用植物將穢氣排出，轉換成好的氣場，假設沒有空間能夠種植植物，可在廁所加裝綠色門簾，綠色五行屬木，可袪除穢氣。

4. 廳房不方正

客廳代表事業運勢，客廳不方正表示事業易有變化、不穩定。湯鎮瑋老師建議在不方正之區域掛上八吉祥圖化解，有利全家人事業

發展。廚房不方正，女主人易有慢性疾病，容易缺東缺西，詹惟中老師建議在牆壁貼上鏡子，化解此煞氣。除了缺角，如果房間有外凸的形狀，代表容易腫瘤，湯鎮瑋老師建議可在凸出之處放置葫蘆以化解煞氣。

✛ 空間比例與位置 ✛

居家格局決定了一半風水，在尚未裝潢、還沒擺上任何家具之前，空間的相對位置就已經形成了影響，購屋或租屋時該如何透視格局的秘密呢？下面提供幾個訣竅：

1. 房不可比廳大

居家客廳宜開闊方正，若主臥的空間大於客廳，容易有入不敷出的問題；且若客廳太小，代表事業格局小，做起事來不夠積極，亦會影響貴人運。湯鎮瑋老師建議，如果客廳空間太小，可在裝潢時將客廳與餐廳合併，或是在進門的左邊或右邊牆邊放面鏡子，讓客廳看起來更為開闊。

2. 客廳不應過大

一般客廳的空間約為主臥室的 1.5 ～ 2 倍，過大的話容易形成兩袖清風的格局，不易藏風納氣，亦無法聚財。湯鎮瑋老師建議改變格局做些區隔，如果短時間內無法改造，也可以利用屏風讓氣場有稍微停留之處。

3. 客廳位於陽宅前方

一般進門的位置，屬於客廳的空間，為正業之財，但若因起居習慣或格局導致客廳在整個房子的後面，則會有「不務正業」的影響，代表居住者眼光短淺，常常不顧正業，而著重於享樂。湯鎮瑋老師建議可將擺設調整，讓客廳在大門進來的位置，才不會入門不見廳，帶來不良的風水問題。

4. 廚房不可背宅反向

古代爐灶燒的是柴火，而添加木柴的出火口稱為灶口，對照現今

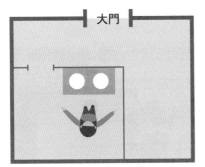 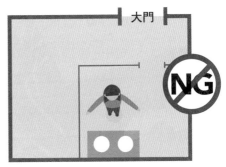

▲站在爐灶前，應面對大門方向，若是背對大門方向，即是背宅反向。

也就是廚房瓦斯爐的位置。廚房爐灶是家中財庫，而大門是進財的地方，當門口進財之後，灶口就會入財。一般要跟住宅大門同方向，意指瓦斯爐靠牆的一邊向外的方向，需與居住者走出大門的方向相同。如果爐灶背宅反向，就會導致家中進財不易，使住戶與財運擦肩而過，也會有犯小人的問題。最好的方式就是把灶轉向，如果沒辦法，湯鎮瑋老師建議在抽油煙機上放一對龍龜或銅麒麟，並將頭朝內，藉此補足氣場，化解漏財問題。

此外，如果廚房位於居家前段，代表女主人家中地位較高，可於爐灶上方貼十相自在圖或是同樣放上一對龍龜或銅麒麟來化解陰陽不平衡的狀況。

5. 避免虎佔龍穴

虎佔龍穴是指客廳在虎邊，廚房在龍邊。面對大門口，如代表男主人的客廳居於家中右邊（虎邊），家中男性易有健康問題與運勢低落；而若代表女主人的廚房居於左邊（龍邊），則女主人易忙碌操勞，平常可能要上班，還要顧小孩、做家事，連假日也沒有時間停下來休息。湯鎮瑋老師建議如果格局無法轉變，可以在沙發後面掛上九宮八卦圖以及乾坤太極圖，化解陰陽不協調的問題。

6. 書房居中帶動文昌

　　房屋中央有如人的心臟，因此廚房、樓梯、廁所都不建議在居家正中間，尤其廁所一般被認為是「汙穢」的地方，如果廁所的位置在住家正中間，不僅健康、財運受到影響，更容易導致衰事不斷、家道中落。最好是將書房置於房屋中央，可以帶動文昌運，不僅能提升事業發展，也可以促使小孩學業進步。如果廁所位居房屋中央，建議可以買一個烤肉用的爐子，並在裡面放三支用紅紙綁好的木炭，擺在抽水馬達的位置，另外，再準備一盞鹽燈和水種黃金葛擺在廁所內。

7. 同一空間避免兩扇門

　　如在同一空間、同一面牆上有兩扇門，氣場在此會形成一個迴圈，在風水中稱為「迴風煞」，容易影響思緒，讓人做出錯誤判斷，使人陷入破財危機。建議封掉一扇門，或加裝過膝門簾阻擋氣場迴流。

▲同一空間牆上有兩扇門，容易形成迴風煞，
　應加裝過膝門簾。

✤ 樑柱位置輕忽不得 ✤

樑柱可說是房子的筋骨，整個住家的穩固都靠樑柱來支撐，不過在傳統風水中，橫樑在上，宛如重物，柱子在側，宛如把刀，因此任何東西碰到樑柱，都會造成不好的影響。陽宅裡往往無法完全避開樑柱，但可以靠一些風水妙招來解決潛在的危機。

1. 橫樑壓大門

大門是居住者每日進出的地方，若橫樑從住家外面延伸到家中，則會形成典型的「穿心煞」，做事雖然比別人加倍努力，卻容易造成事倍功半的現象，也容易發生讓人「槌心肝」的事情，在財務方面，還會對於收支平衡造成影響。若遇穿心煞，湯鎮瑋老師建議，可在橫樑的兩側釘上釘子，若是租房不宜釘釘子，則可在樑的正中間掛九宮八卦圖，也可在門樑兩側掛一對銅麒麟或白水晶球。

2. 橫樑壓沙發

沙發是家庭的公共區域，如果沙發上有樑會導致屋主的工作壓力大。詹惟中老師建議沙發背後可以擺山水畫，增加靠山頂住樑煞。如果再擺上水晶洞，放 168 枚硬幣讓財神入財鄉，不僅化煞，還能招財。

3. 橫樑壓灶

　　風水上，廚房代表女主人的舞台，倘若橫樑壓在瓦斯爐上，不僅會漏財，還會影響女主人健康，尤其是女主人的子宮婦科特別容易引發疾病。如果居家有這種煞氣，建議要將瓦斯爐移向旁邊，錯開樑柱即可；若無法移動，謝沅瑾老師表示可以在橫樑的兩側掛麒麟，由於麒麟專管火煞、土煞和樑煞，因此若有橫樑壓灶的狀況，掛麒麟是最好的化解方法。另外，也可以掛上拿到醫神廟過香火的葫蘆，也具有化解之效。

4. 橫樑壓餐桌

　　餐桌是一家人用餐進食的地方，若上頭有樑柱，容易影響腸胃和消化系統，若無法將餐桌移開，也可掛上化煞物品後用布幔將橫樑包起來。

5. 橫樑壓冰箱

　　廚房中象徵財庫的冰箱若擺放在橫樑下，將致使居住者對錢財的壓力大，家中經濟負擔大，容易發生漏財問

▲樑壓灶容易影響女主人健康。

題。此外，樑壓冰箱也會影響居住者的腸胃疾病。最好將冰箱移至其他位置，若無法移動的情況下，可在冰箱上擺放葫蘆化解。

6. 橫樑壓床

臥房是我們休息的地方，如果睡覺時上方有橫樑，容易有睡不安穩的狀況，造成壓力大、頭痛、筋骨痠痛等狀況。一般裝潢時，有些設計師會刻意將橫樑包起來，以避免煞氣，但是風水中「有形就有靈」，單純將橫樑擋住並無法化解橫樑所形成的煞氣，因此謝沅瑾老師建議，宜擺放化煞物，例如葫蘆、麒麟踩八卦，再將橫樑包覆，才能完整化解煞氣。

7. Ｈ型樑、Ｙ型樑

Ｈ型的樑稱為扛屍煞，易招惹血光跟影響健康，以及犯小人、或身體上的病痛，例如氣虛等等。Ｙ型三角樑在建築上雖較為穩固，卻會導致夫妻失和，且男主人容易受傷或有病痛，建議一樣要掛上化煞物品後用布幔將橫樑包起來。

8. 屋小樑大

若房子四處可見都是樑，則有屋小樑大的現象，整個房子宛如壓

力屋，長期居住亦影響精神狀況，同樣要用掛上化煞物品後用布幔將橫樑包起來。

9. 出門見柱

若房門打開就是柱子，則會影響腸胃消化系統。另外，柱子的邊角還會形成壁刀，如果是房門口，要留心居住者的健康，可以放上凸面鏡、山海鎮、乾坤太極圖來化解。

✤ 前、後陽台不可少 ✤

前陽台象徵家中主人的事業，許多人為了增加住宅空間，因而將前陽台外推，但是這在風水上，代表前途發展受阻，尤其容易壓迫到男主人的事業發展。如果住宅中有此格局，可以將客廳與陽台的地板用不同顏色、材質的地板鋪成，做出前陽台的格局。除了前陽台外推，也有些人會將後陽台的空間改建為廚房，如此一來，外推的廚房氣場較弱，容易導致女主人運勢較弱。

此外，如果前陽台門口有曬衣服，就像「胯下之辱」，從衣物底下走過去到前陽台，上面可能就是家人的內衣褲，如此會使得運氣

變差，而且陽台曬掛的衣物阻擋望出的視線，也會讓居住者的發展受阻，建議將曬衣服的地方移至其他適當的位置。而後陽台代表子孫運勢發展，如果家中有子女後輩，最好保留後陽台的格局，但是前後陽台忌相連，否則易導致夫妻互不相讓、或是親子關係不睦，因此最好要有實牆相隔。如果沒有後陽台的格局，最好的方法就是用水泥嵌進主結構裡，建造一個穩固的後陽台，才能為後代子孫搭建良好的未來。

風水！不求人

廚房外推解決方法

方法一： 將木炭用紅紙包住，放在烤肉用的火爐上，置於水槽下方，借以木炭吸收水氣，就可化煞轉運。

方法二： 將鹽巴與米混拌，拿去廟裡的主爐上過火三圈，再放置在水槽下方，即可改變運勢。

屋內格局的風水禁忌（二）：
樓中樓、透天厝、頂樓加蓋

隨著都市的發展，大樓建物已成為房市主流，但是仍有不少人喜歡樓中樓、小別墅或是獨棟院落，不僅空間大，可與家人們一同居住，還能保有足夠的隱密性，對大家庭來說是非常理想的住宅。

✚ 樓梯 ✚

　　由於這類型的房屋裡必有樓梯，因此在風水中整體的空間、格局規劃以及行走動線上，就必須格外小心暗藏的煞氣。樓梯的形狀有如刀子，一格一格的階梯就像梯刀一樣危險，一般住家外的樓梯只要關起大門，對住戶影響還不大，但是屋內的樓梯，每天都會看到，因此在設計時一定要格外注意。以下幾點提醒大家：

1. 開門見梯刀

　　若房門打開便迎向樓梯的梯刀，居住者不僅容易漏財，還會造成

血光之災，謝沅瑾老師建議，可在樓梯前加裝隔板阻擋或加裝門簾，防止財水外流，或是將門的位置移開，避免梯刀直切。如果樓梯直沖拱形門，易造成肩膀與脖子方面的疾病，建議拆掉拱門，或是用布將拱門遮起來，避免樓梯直沖。

2. 樓梯居中

樓梯是銜接上下樓層氣場的地方，而如果房子中央的氣場不穩定，則容易有破財危機，建議可在兩層樓的中間擺放壁燈，且燈光要朝上，不可朝下。

3. 樓梯夾廁所

樓梯夾層中若有廁所隔間，穢氣會從走道流竄至家中，容易使居住者的事業受挫，因此詹惟中老師建議，若無法將廁所封起，可以加門簾阻擋穢氣外漏，並且打開窗戶加強通風。

4. 樓梯不同向

一棟房屋如果有三層樓以上，而每層樓的樓梯卻不同方向，這種情況象徵

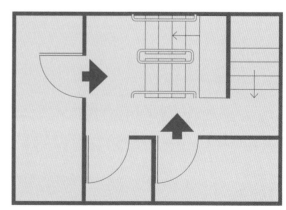

▲若房間門打開正對樓梯，容易漏財、有血光之災。

夫妻各奔東西，容易造成夫妻不同心，導致感情不睦。湯鎮瑋老師建議，若空間足夠，可改變樓梯方向，若無法調整，則可在每層樓的空間掛上乾坤太極圖或十相自在圖來化解。

5. 樓梯欄杆不宜過低

如樓梯欄杆高度太低，容易發生意外，導致血光之災，建議將欄杆高度增長到一般成人的腰部高度。

6. 奇數為陽，雙數為陰

一樓住戶的大門前如果設有階梯，階梯數以單數為佳，否則會影響健康。謝沅瑾老師表示古人會在流水線以內的範圍鋪成或漆成不同的顏色，以示跟馬路的區隔，即可當作是一階階梯。

✛ 主臥室 ✛

屋主所睡的主臥室，是整間房子的核心，在獨棟或樓中樓的房屋裡，大部分的臥室都位在二、三樓，此時要注意的是，若主臥上方是廁所或下方為廚房，都是風水上的大忌。由於廁所穢氣往下跑、廚房油煙往上沖，都會影響主人家的運勢，若長期下來，易導致思

緒混亂、腦筋不清楚，進而做出錯誤判斷。建議在入住前，應先看設計圖，避免上下為灶廁，或是盡量將廁所或廚房移開，避免直接相沖主臥。

若是主臥的上下方皆為爐灶，容易導致脾氣暴躁，易產生口角衝突，假使剛好是梳妝台更可能導致火燒財庫，漏財連連。當然最好是改變空間利用，但是如果無法更改空間，謝沅瑾老師建議可在床底或梳妝台下鋪上黃布，並在周邊黏上 36 枚五帝錢，即可避免災禍。

風水！不求人

圍牆的高低，有關係

一樓的居家外圍牆壁過低，代表隱私外露，家事家醜容易外揚，而且宵小難防；但牆壁過高，代表容易孤傲自我，而且故步自封難與人相處。建議外圍圍牆與人齊高比較適當，如果過高可以在圍牆內放置黃金葛，增加生氣活力，以化解難以走出家門的煞氣。

▲圍牆過高，容易與人相處不融洽。

此外，也要注意床擺放的位置，如果牆壁後方為樓梯，會造成居住者腦袋空空、判斷力變差，因為樓梯為上下的通道，經常有人走動，床頭靠此牆面會影響睡者的睡眠品質，無法得到充足的休息，導致思路不清晰，也會使運勢變差。因此，如果家中有此格局，建議要將床位移至其他更合適的位置擺放。

✦ 車庫 ✦

隨著生活水準提高，幾乎每個家庭都會有部車，使得路邊的停車位愈來愈搶手，因此，如果陽宅一樓有空地，許多人為求方便就會將這空間用來建造車庫。不過，可別小看車庫，這可會大大影響家運，下文就來說明有關車庫的風水禁忌。

1. 避免裝設水槽

由於透天厝之類的獨棟住宅大多會裝設水槽，如果每天上下車開門的車庫，看到形同藥罐的水槽，就會形成藥罐煞，導致居住者身體容易出現疾病。詹惟中老師建議將水槽用木板做一些覆蓋，去形擋煞。

2. 避免形成懸空屋、穿堂風

如果車庫前後都有門，易形成懸空屋或穿堂風，造成整棟房屋的氣場不穩定，容易漏財。詹惟中老師建議可用隔間或窗簾來化解。

3. 不可設置孝親房

為了擔心老人家爬樓梯不方便，普遍會在一樓設置孝親房，但如果一樓是車庫並且無對外窗，請避免讓長輩的臥室設於一樓，以免影響長輩運勢。

4. 車庫格局需方正

儘管是停車的車庫，但也要講求格局方正，如果有凹陷或凸出的空間，建議隔成儲藏室，讓車庫格局方正。

風水！不求人

車庫門＝陽宅大門？

住透天厝的人總有疑問，車庫的門到底算不算陽宅的大門呢？風水上，認為真正的大門進來需要有大型家具，像是沙發、桌椅，要有客廳的感覺和能讓客人停留、休息的地方。因此沒有擺放家具的車庫，對陽宅來說不算正門，如果一般出入使用的門不是車庫的門，並不會對家運造成影響。

5. 避免車庫太過突出

如果車庫比旁邊的鄰居還要突出一些，容易造成家人對外有強出頭的傾向。湯鎮瑋老師建議可以在門口掛天馬旗，最好是黃財神款式，一來能化解強出頭的煞氣，二來還可以迎接財水，為居住者求富貴。

如果居家一樓不是車庫，而是旁邊剛好有車道，也必須注意，一般來說財水從龍邊進來，龍邊接車道，屬於斷龍格局，財水就進不來了，特別影響男生運勢。如果虎邊開車道，屬於斷虎格局，則容易有血光之災，特別影響女生運勢。謝沅瑾老師提供化解方法，在家裡龍邊的位置放置三隻銅龍，以提升男性運勢，也可以在住宅右邊擺放盆栽，擋住財水，使錢財滾滾而入家門。

✤ 頂樓加蓋格局禁忌 ✤

頂樓加蓋的房子，因為位處高處，一般來說窗外或門外的視野比較廣闊，容易遇到外在環境的煞氣，而使整體運勢走下坡，所以要多加留意。而室內礙於管線以及空間問題，格局上或許有所缺失，但是也別忘了要加強補救。

以下列出一些常見的頂樓加蓋風水問題：

1. 屋頂漏水

頂樓加蓋如果屋頂沒做好防水措施的話，容易會有漏水甚至產生壁癌的情形，可能導致屋主破財。而且天花板代表天，會影響長輩緣分，使得與年長貴人的互動減分，因此一定要盡快修復補平。

2. 沒有廚房

一般頂樓加蓋由於管線的關係，所以經常會捨棄廚房這個區域，沒有廚房會造成夫妻失和，單身的居住者則會有交往困難的問題。因此即使沒有瓦斯管線，也要格出廚房的空間，放置一些電器用品，才會讓居住者感情融洽，一家和樂。

3. 藥罐煞

頂樓大多會設置水塔，水塔的形狀有如藥罐，一般的水塔都是在對面、或是遠處，而頂樓離水塔近，更容易影響健康。

▲如沒有廚房，可留些空間擺放些電器用品。

4. 三角形屋頂

一般大樓無法選擇自家屋頂的形狀，而頂樓加蓋則可設計不同的屋頂形狀，有些是平的、圓的，還有三角形等，但是在五行中，三角形屬火，因此形同「火形房」，容易造成家人失和。

5. 屋脊煞

除了自己本身的屋頂需要注意，如果窗外或門外的視野，剛好可以看到附近頂樓加蓋的屋脊、屋角、屋簷，易造成健康、血光上的問題。

6. 官帽煞

從住家的門或窗戶望出去，如果可以看到對面大樓露出建築物的一部分，而且這部分形似「凸」字，在風水上就形成了「官帽煞」，

▲頂樓離水塔近，容易形成藥罐煞。

代表容易有官司，容易犯小人。如果看出去只看到突出一半的形狀，就像有人在偷看一樣，則被稱為「小人探頭煞」，易遭小人陷害。

7. 孤陽煞

房子比左右邊的房子高，不僅遭受周遭煞氣影響大，也易成箭靶，形成孤立無援的格局。湯鎮瑋老師建議可在頂樓外掛天馬旗。

化解法　建議面對上述頂樓屋外的煞氣，擺放九宮八卦或山海鎮來化解；詹惟中老師表示也可以在碗公後面點上紅點，再將碗公蓋住後，面對煞氣的方位來化解。

▲頂樓加蓋的屋頂，不要是三角型的。

屋外形勢的風水法則

一間房屋除了注重建材的品質、室內裝潢布置、建物結構安全之外，對於社區整體規劃、房屋的周邊環境也是風水上必須觀察的重點。好的生活環境不只包括便利的生活機能，環境的品質更為重要，尤其住家周遭的環境地勢，更是與屋主的運勢息息相關。

許多人一聽到「依山傍水」，就以為是所謂的風水好宅，其實這裡面可是有不少奧妙隱藏其中，下面就帶大家一起來了解哪些外在環境是影響運勢的關鍵！

✤ 理想的郊區地理環境 ✤

　　想要有理想的外在地理環境，首先得注意外面的地形風水，但是什麼樣的地形才是較好的選擇呢？風水上有一句口訣：「左高右低，背山面水。」這是依據上一章節中，四神獸所呈現的理想格局，意思是指位於左邊的青龍地勢要高，處於右邊的白虎相對地勢要低，而房屋背後的玄武方要有高山，屋前朱雀方要有流水環繞。

下面我們就來一一探討這四個方位的風水注意事項。

1. 靠山

房屋如果依山而建，在風水中就是所謂有「靠山」，但是靠山也要靠對方向，如果山勢方位選得正確，便是在運勢上打下良好基礎，坐擁地利風水，但若方位錯誤，可能平白流失機會，更可能遭致災禍。如果山脈為左低右高，違反左青龍右白虎的風水原則，就會影響事業，造成機會流失、功勞被搶走等等不順心的狀況。另外，青龍代表男性，白虎代表女性，若虎邊地勢低窪，形成虎邊過低，容

▲一般人覺得居家依山傍水是好事，但就風水學來說山水的位置是個學問。

易導致陰陽不平衡，單身男子居住在此房，會影響女性緣；而單身女子居住，則會造成運勢低迷；夫妻居住，則男主人的權力高過女主人，長久下來會夫妻失和。謝沅瑾老師建議，可在虎邊擺設三隻麒麟來化解。

2. 虎闊龍窄

　　如果屋外的景致，是虎邊較為開闊、龍邊被建築物擋住的話，則會形成女強男弱的運勢，象徵靠女性賺錢，因此這種環境的房屋較適合女生居住，對女生的事業運勢也較順利。若為夫妻或情侶同住，湯鎮瑋老師建議可在龍邊擺設盆栽，男女地位才會平等，不會造成陰陽失調的影響。

3. 斜坡

　　如果房子在斜坡上，又背對斜坡，我們通常稱為「退運屋」，代表這間房子一旦入住後，屋主整體的財運、家運都會開始走下坡。謝沅瑾老師建議在屋後的斜坡埋入 36 枚五帝錢，將氣場補足。

4. 背水面山

　　我們常說「背山面水」是最理想中的格局，但是若相反的地形，房屋面山且山比房屋高，則會讓主運衰退，影響前途運勢，謝沅瑾

老師建議，如果屋外有此格局，可在後陽台掛山海鎮，象徵移山倒海，轉換風水。假如遠遠面對兩座山，而且形狀像筆架，可增強考運，窗戶望出在龍邊的話，旺男丁，在虎邊的話，利於女性。

5. 水源為財

至於居家附近的水流，由於「水為財」，若房子面水，就是天然的財庫。屋前水旁有斜坡，代表財水由高往低處流，若坡度過陡，則財水不易聚集，為了避免財水過家門而不入，謝沅瑾老師建議，可以將低處的花台做得稍為往前凸一點，或是擺設盆栽，種高一點的植物，將財水引進家中，只要將財水接入家中，就有天然的財氣資源。

住家附近若有湖泊、池塘等水源，若是活水，則會帶財，但若是死水，則象徵財運停滯；水源的所在地亦很重要，若在虎邊，則適合女生居住，男性屋主會愈住愈悶、志不得伸，影響財運甚至事業。相反的若在龍邊，則適合男性居住。

▲如果屋前有斜坡，可在兩旁擺上較高的植栽。

6. 山中墓地

現今雖然以火葬居多，但是傳統土葬還是為數不少，因此山中常有墓地、墓園等。若居家附近有山，且望向窗外就可見到墓碑，建議在屋內擺放葫蘆和紅紙，謝沅瑾老師提醒，葫蘆有收妖的功能，若放屋外容易硬碰硬，因此建議掛在屋內防止侵犯。

✚ 破解都市的屋外煞氣 ✚

城市的住房空間總是比較擁擠，尤其在寸土寸金的蛋黃區，人樓蓋得一棟比一棟還高，在高樓林立的都市，關於住家附近的建築，在風水上需要注意什麼呢？其實不僅是屋內格局，屋外是否隱藏煞氣危機也要格外留意，下面教大家幾個小訣竅，以避免無形的災禍從天而降。

1. 壁刀

現在社區大樓的外邊，常看到支撐的樑柱，有時為了造型或設計，大樓牆面呈現不規則造型，但是凹凸的樑柱，容易形成壁刀，如果對應其中的住戶，則會為居住者帶來小人不斷、口舌是非。湯鎮瑋老師建議，可在看到壁刀的地方，掛十相自在圖或山海鎮，若是窗

戶外面有壁刀，則可將窗戶改成毛玻璃或是馬賽克窗來化解。

壁刀根據所切到的地方，影響也會有所不同，以下為常見的煞氣：

壁刀切煞方向	煞氣	化解方法
切門	根據切門的方向，男左女右，將影響屋內的男主人或女主人，易有血光之災	可在門上掛凸面鏡，將壁刀的方向反射
切床	影響男主人的身體健康	臥室內不適合掛凸面鏡，可改掛山海鎮壓制壁刀的傷害
切神桌	壁刀切到神桌，對神明不敬，容易影響身體健康	在神桌掛桃木八卦化解

2. 天斬煞

由於都市的住房密集度高，因此住家外面常可看到其他大樓，社區式的住宅更是棟棟緊臨，但大樓和大樓之間，容易隱藏看不見的危機！若是窗外有兩棟大樓，中間有空間而不是緊貼的，那大樓間的空隙則會形成「天斬煞」，首先影響的就是房屋主人的身體健康，也容易有意外、血光等問題。大樓的高度愈高，前方又無遮蔽物的話，也會讓影響範圍擴大，不過主要還是看房子的距離，若遠方的

大樓高度目測比自宅低，而且房子距離遠，影響其實不大。謝沅瑾
老師建議使用乾坤太極圖或移山倒海鎮做一個化解。

3. 反弓煞

　　大樓的位置和馬路的方向也有連帶關係，馬路若是大轉彎，看起
來就像把鐮刀，若房屋位置在鐮刀內，則形成「水聚天心」，是聚
財的好風水；若住家位置在刀鋒尖的地方，則形成鐮刀煞，或稱反
弓煞，容易招惹血光，若再加上天斬煞，則形成「水破天心」，財
運上會造成大破財、事業受阻，還會有血光之災！湯鎮瑋老師提供
化解方法，若是鐮刀煞，可擺放風獅爺鎮壓；水破天心的風水，則
可掛山海鎮。

▲大樓公寓外凹凸的樑柱　　　▲大樓中間有空際會形成天斬煞，
　容易形成壁刀煞。　　　　　　影響身體健康。

4. 無尾巷

　　住家位於無尾巷裡，出外易受阻礙，且若是巷子窄，代表財路窄，發展會屢屢受阻，影響事業運勢。詹惟中老師建議，可擺放盆栽，如：福木、夜來香、垂吊黃金葛，或是在巷尾裝凸面鏡，以改變氣場較為低落的狀況。

5. 路沖、巷沖

　　房屋正對著馬路或巷道，氣場極強，會帶來不穩定的氣流影響居家磁場，風水上稱為「路沖」、「巷沖」。當住家面臨這類煞氣，需提防血光之災，如果巷沖正對屋後，除了血光意外事故，還要當心容易有犯小人的問題。窗外正對路沖，對居住者的健康造成極大的影響，也容易招惹血光意外，謝沅瑾老師建議掛乾坤太極圖或山海鎮，住一樓的話可以擺放石敢當。

6. 磁波煞 & 蜈蚣煞

　　屋子四周如果剛好被電線環繞，形成磁波煞，易影響腦神經，造成睡眠品質低落。

▲房屋四周有電線圍繞會產生磁波煞，影響腦神經。

建議可以在對外窗擺一隻銅公雞，並用銅線綁住，雞頭對向磁波煞，透過導電和「公雞吃蜈蚣」的原理來化解。

高壓電塔則會形成蜈蚣煞，容易血光意外不斷，而且電塔在五行中屬火，如果與家中餐廳相對，金火相剋，容易引起呼吸道及免疫系統的問題。可使用鏡面玻璃將煞氣反射回去，或是在面對煞氣的牆面上掛十相自在圖，以化解電塔煞氣。

7. 山洞型外煞

當我們屋外有漏斗形標的物，就像面對一座山洞一樣，家裡的氣場容易被吸走，使家中財水外流，發生財務問題，謝沅瑾老師建議在有煞氣處擺放一顆石頭，並用紅筆寫上「泰山石敢當」堵住山洞來化解。但是如果屋外不只一種煞氣朝向家中，屬於複合型煞氣，可以擺放乾坤太極圖象徵移山倒海，就可達到一定的功效。

▲屋外如有山洞型的標的物，家中易有漏財問題。

8. 剃頭煞

　　一樓的房屋時常遇到剃頭煞，因為面對面的房屋，高低階都不同時，就形成高低差，而對面房屋的屋頂就形成剃刀，切在居住者的房屋頭頂，就像和尚被剃頭一樣，容易影響居住者四大皆空，名、利、感情皆無。謝沅瑾老師建議可以在大門擺上乾坤太極圖，做移山倒海的效果，既不會影響對方，又可以化解無形的剃頭煞氣。

9. 淋頭水

　　如果後陽台緊臨山坡地，使得山上的水流、枯葉往山下流入家中，容易造成後代子孫運勢低迷，因此後陽台必須時常清理打掃，並加裝隔板作為阻擋，化解淋頭水帶來的危機。

10. 動土煞

　　住家外面只要有施工，即會形成動土煞，導致家中運勢低落、家人容易生病也會發生爭吵。由於桃木可以避邪，古代用桃木劍斬妖除魔，

▲住家外若有施工，會影響家運、家人感情。

而獅子可以鎮宅，因此建議將桃木八卦獅咬劍進行開光（開光日可參考農民曆）後，再對外掛上來化解煞氣。湯鎮瑋老師則提供另一個化解的方法，可以在家門前面對動土方位擺放小水缸，並放入鐵湯匙，以避免血光之災。

11. 採光不佳

住家前方的大樓若是完全遮蔽陽光，則形成「奴欺主、下犯上」的格局，不僅事業上沒有貴人、下屬不服主管；親子關係亦導致不合，小孩容易頂撞父母，建議可掛桃木八卦來化解奴欺主，亦可在看見大樓的窗邊或前陽台，擺放玫瑰和百合，增強貴人運，拓展人際關係。

12. 樓梯／電梯煞氣

公寓式的住宅，住家大門邊常有樓梯，大廈式的住宅也會提供電梯，方便住戶上下移動，但所在的位置，其實也是影響屋內風水的重要一環，若遇到樓梯／電梯位置不良，又無法搬遷，有哪些解決的辦法呢？

・電梯在虎邊，意外在身邊

玄關大門之外的地方，風水上稱為外明堂，由於大門代表迎接事

業的地方，因此外明堂的格局也很重要。若是住家門外電梯，在門的虎邊（站在居家向外望的右邊），根據「龍動虎靜」的原則，電梯運作的聲音轟隆隆響影響了虎邊的安寧，容易引起口舌是非，在事業上可能會被他人在背後說壞話、扯後腿，也容易造成意外血光，像是突如其來的受傷或飛來橫禍等。湯鎮瑋老師建議，可在大門上掛獅咬劍來化解。

·樓梯壓大門，影響健康

　　大門邊的公眾樓梯，最好離大門 150 公分以上，才不會影響屋主運勢。一般在搭建時，會避免壓在大門上，若角度剛好壓在大門上方，類似「剪刀煞」或「樑壓門」，對男主人的健康不利，詹惟中老師提供化解方法，可在樓梯的交界處懸掛葫蘆或五帝錢，利用葫蘆或五帝錢來頂住煞氣。

·樓梯往下走，事業往下落

　　除了樓梯的角度，樓梯的方向對屋主的事業發展也有一定的影響。如果開門遇到向上的樓梯，代表事業會蒸蒸日上，但若是向下的樓梯，不僅事業起伏大，可能還會一路下滑，飽受波折。湯鎮瑋老師認為，若是門邊遇到向下的樓梯，可以掛一面鏡子反射，看起來樓

梯就是向上的，藉此化解不好的運勢。若樓梯為正面向下，就是所謂的「牽鼻水」，不管是運勢、錢財還是事業，都是一路下坡，若無法改門的方向，則可在大門上掛麒麟踩八卦，或在門楣上掛小羅盤鎮壓。

　　此外，如果一開大門就遇到牆壁，稱為「出門碰壁」，牆壁位於大門龍邊，影響男主人事業，反之則是影響女主人的工作運勢，謝沅瑾老師建議可掛山海鎮或乾坤太極圖來化解。

▲若電梯在大門虎邊，容易有口舌是非等紛爭。

影響運勢的無形煞氣

為什麼搬家之後問題很多、一直不順利？

為什麼買了新房子，工作上多阻滯、健康上多毛病？

為什麼之前住的好好的，但是突然在家感情不和，在外犯小人？

其實，這些都和房子的風水有關，不論是屋內煞氣，還是屋外相沖都可能導致居住者運勢下滑。因此，無論居家布置得豪華美觀或是溫馨舒適，風水上的禁忌還是需要多加留意。有時候花大錢在添購家具上，可能會因為沒留意到風水煞氣，反而導致破財，影響居住者的健康，甚至使桃花運也深受干擾。

如果居家的風水缺乏其中一方面的運勢，可以透過一些裝修或者擺設等方法從而強化運勢。下列就讓我們來看看哪些風水煞氣是影響運勢的關鍵！

✤ 影響「財位」的風水 ✤

俗話說「財為養命之源」，但你是否也有這樣的疑惑，家中擺了各式各樣的招財物品，怎麼財富不見增多，反而破財連連？其實，一間房子會不會旺財，能不能招財，這和居家風水中的財位有關，如果招財物品沒有擺放在財位上，自然無法發揮功效。

風水中所稱的「財位」究竟在哪個位置呢？風水門派中有很多不同的說法，最簡單的方式就是找到進門的 45 度斜角位，如果門開在房屋的左邊，財位就在右對角線 45 度角；如果門開在房屋的右邊，財位就在左對角線 45 度角；假使門開在中間，左右兩邊的 45 度角都可成為財位，只要好好布置，就是擁有雙財位的絕佳致富格局。但是現代住宅為了講求方便，很多人的家中車子直接停到車庫後，就有內梯可直通家中，所以如果有大門及車庫出入口的門，還是以進出的大門為主來判定財位旺方。

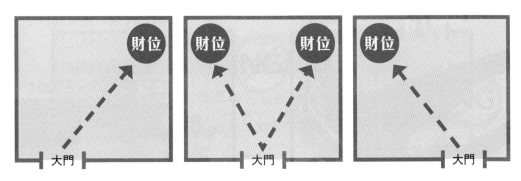

▲家中財位是在大門進門 45 度角的位置。

風水！不求人

次財位的判定

如果進門的左右兩邊都沒有好的財位格局，也可以布置「次財位」，在屋內進門的 90 度角處選擇有實牆的不透光角落。而此處所指的門，包含一般住宅大門、後門及房門，也就是說，陽宅中不會只有一個財位，只要居住者留心布置每個空間的財位，都能得到良好的效果。

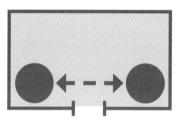

✛ 財位禁忌 ✛

財位是旺氣凝聚的所在地，若在此擺放一些寓意吉祥的寶物，可以使得財運吉上加吉，而且財位宜亮，不宜昏暗，最好有陽光或燈光照射，這對生旺位有很大的幫助。此外，財位在布置上有七個原則禁忌：

1. 財位忌壓

在風水學來說，財位需要蓬勃發展，絕對不適宜受到壓制，如果

財位上方有沉重的橫樑，就會對居住者的財運有損無益。另外，有些人家中會奉神，像是彌勒佛、財神爺等，亦不宜放在樑柱下，樑壓財神會賺錢困難。此外，古代的皇帝會在樑的兩端，也就是房間內四個角的樑上裡面，放進金元寶等等寶物，形成一個小的祭壇，這也可以化解財位壓迫的問題。

2. 財位忌污

在財位上堆放雜物，使得財氣無法暢通，令財運大打折扣，不但不能招財進寶，反而會損耗家財。因此，在找到 45 度角的財位之後，將雜物整理乾淨，再做一些開運布置（可參考 CH5 風水祕笈 P. 169），才能興旺財運。

▲找到家中財位後，好好布置就能招財進寶。

3. 財位忌空

財位需依靠堅固的牆面，象徵無後顧之憂，以藏風聚氣。倘若財位背後是透明的玻璃窗或是落地窗，不僅難以積聚財富，還會因為洩氣而有破財之虞，最好加裝窗簾，讓財氣不會外漏。如果居家住宅中，財位是走道或另一扇門，我們也可以尋求次財位，只要在屋內的 L 型實牆角落，擺設聚財物品，也可以聚集房屋內的財氣。

4. 財位忌沖

風水學最忌諱尖角沖射，因此財位附近不宜有壁刀、梯刀，以免影響財運。

5. 財位忌動

如果財位遇到會振動的家具，如冷氣、電視等，這並非適宜，因為這無異於是讓財神處在極度不安穩的環境中。財位附近若又有冷氣，該房主人的理財觀念會比較差，因此盡量避免擺置此類家具在財位上，或可懸掛葫蘆化解。

6. 財位忌暗

財位大多落在角落，若室內的照明不足，往往會顯得較為昏暗，財位昏暗就象徵著未來的財運昏暗，因此可以準備一盞光明燈，隨

時照亮財位，讓財運之路光明。此外，也可以準備一盞鹽燈，藉此吸收水分、降低濕氣，還可以改變整個空間的氣場。而古代鹽也是珍貴物品的象徵，因此能代表錢財，所以非常適合擺放在財位上。放置時唯一需要注意的是，務必要保持常亮，若沒有開燈，則會象徵財運黯淡無光。湯鎮瑋老師也建議可以使用準提鏡來除晦暗化解煞氣，提升財運。

　　在財位我們除了可以擺放水晶洞、鹽燈來加強財運，詹惟中老師建議也可擺放智慧財、才華財，就像廚師可以在財位放廚具、律師可以放書，講師則可以擺放麥克風，只要用對招財擺設，這些專業都可以為財運加分，為自己廣招財源，讓「錢」途一片光明；或者利用五色豆招財，選擇五種顏色的豆子，各自代表五行的屬性，綠豆象徵木，紅豆象徵火，黃豆象徵土，花豆象徵金，黑豆象徵水，並依照木生火、火生土、土生金、金生水、水生木的原理，以「木火土金水」的順序擺放，意涵財運生生不息。可放置於書桌、辦公桌或財位上，以提升財運，

▲除了鹽燈、聚寶盆等物，也可擺放智慧財於財位。

最後，在確定財位所在的正確位置，並排除常見的煞氣之後，安置財位時要注意——放置寶物的桌子不宜過低！因為過低的財位等同於不夠尊重財運，會讓財運難以聚集；當然也不宜過高，因為將財位布置過高也會有好高騖遠的疑慮，建議桌子的高度是落在一般人的腰部左右。

✤ 影響「桃花」的風水 ✤

隨著工商社會的發展，現代都會男女生活日益繁忙，人與人之間雖然接觸頻繁，但是卻鮮少有時間好好談心！除了家庭以外，大概

風水！不求人

招財物擺放注意事項

❀ 擺放招財物品時，務必要維持乾淨、整齊不雜亂的原則。

❀ 財位不可擺放太多招財物，應以重點招財物為主。

❀ 要有靠不能見空，才能留住錢財。

❀ 財位下方若不是封閉性，可擺放甕，甕內裝象徵性的錢幣，或是招財物可自製出聚寶盆，以防止財位見空。

❀ 招財物每年都需要去廟裡的主爐過火三圈，以增加招財效力。

也只有工作的場所了，由於生活圈變得狹窄，相對地，男女之間的交往機會也跟著減少了，因此求取桃花也成了單身男女最關心的熱門話題。

儘管現代人內心對愛情渴望，但還是希望遇到適合自己的緣分，不願意爛桃花報到，造成感情傷害。在居家風水中，攸關愛情運最關鍵的區域，其實是每天起居的臥房，因此可千萬不能輕忽小覷自己的私密空間！

關於臥房風水，該如何儲蓄愛情能量，吸引屬於自己的好姻緣，有以下幾個原則必須避免：

1. 房間相通

兩個房間連在一起，或是將兩間房間打通，這種風水下，男主人在外容易招惹爛桃花，建議做一道實牆將門阻隔。

2. 房中房

主臥中若有另外獨立的空間，例如更衣室或嬰兒房，且面積超過臥房的三分之一以上，便形成房中房，容易造成夫妻感情不睦或有第三者的危機；單身者則容易有爛桃花。詹惟中老師建議，若格局無法改變，可將門拆掉，或是在附屬空間的門上掛一只葫蘆，且記得要把葫蘆口蓋上。

3. 透明玻璃窗

除了透明窗戶，還有像是鏡子、玻璃、金屬等冷色調會反射的布置，也會造成住此房的人心不定、沒安全感。房間內的人隱私、一舉一動，都被看得一清二楚，夫妻間的互動自然就會變少，當夫妻間沒有信任感、常起口角，就容易有爛桃花介入。女性的臥房如有透明落地窗，愛情路容易走得坎坷，建議掛厚窗簾化解。

4. 鏡照床，或是床對窗

此情況代表最私人的時刻外露，易有爛桃花，最好將落地窗下半部做成霧面的，或是將鏡子移開。

5. 擺放人物像

因為愛情講求單純的兩人關係，詹惟中老師表示如有太多人形象徵的物品，易導致爛桃花或有其他人介入產生情變，應盡量避免。

▲主臥房若有房中房，
容易有感情危機。

▲女性臥房如有透明落地窗，
感情路易不順。

✦ 影響「健康」的風水 ✦

自然界提供生物適當的陽光、空氣、水分，陽宅就如自然界一般，提供居住者舒適的採光、濕氣等居住環境；因此，有些煞氣要特別注意。

1. 蛇煞

一些家電用品，如冷氣、洗衣機等管線攀爬在牆上有如蛇一般，不僅容易遭小人也會影響健康，一定要收整齊捆好，或用膠帶包住不外露，或擺放葫蘆收納病氣。詹惟中老師建議將管線刷上與天花板或牆面一樣顏色，或貼上紅紙並寫上吉祥話「祥龍瑞氣」、「化有為無」，來化解煞氣。

▲如天花板有管線外露，應用膠帶包住或漆上同顏色的油漆。

2. 膏藥煞

門為口、窗為眼，如果在門窗上貼滿貼紙，好像受了傷貼滿貼布，詹惟中老師表示此為膏藥煞，容易引起身體痠痛、慢性疾病，最好將門上雜物清理乾淨。

3. 刀煞

指住所中所存在刀狀物體對著居住者，如柱子、衣櫃等，像刀形的邊角。倘若室外的廣告牌側面正對著住家門、窗，也是刀煞的一種。因此，在現代居家環境中，刀煞不僅僅存在於室外，有時候在不經意的裝潢擺設間，也會產生人為的刀煞。建議要用布簾或葫蘆化解。

4. 光煞

住宅外面如果有霓虹燈招牌，晚上被照射著，主宅內的人容易精神差、脾氣暴躁，可用窗簾化解。

5. 味煞

居家中不免產生一些垃圾，平常最好使用有蓋的垃圾桶，避免臭氣四溢，如果住宅附近有污水渠、垃圾站等發出的臭味，都是味煞，

▲家中有時會出現刀煞，要以布簾或葫蘆化解。

▲鞋櫃鞋子收納不佳，易產生味煞。

不利健康，除了要經常將窗門關閉，也可以使用空氣清淨機，讓屋內空氣保持清新。

✤ 提昇「文昌運」✤

中國人自古以來就有著一句話「一命、二運、三風水」，因此考試、升遷的運勢，除了跟自己的命運有關，也跟風水脫離不了關係，而且文昌開運可不只是考取功名而已，還能幫助大家開智慧，有更多豐富的靈感。所以，文昌開運法除了學生可以使用，一般人也同樣能夠利用好文昌為自己加持，對於事業各方面運勢都會有顯著的提升喔！以下提供三種開運法：

1. **求取文昌筆：**文昌的作用就是旺文、啟智、利學業，屬於四綠文昌木，因此求取文昌筆通常以木頭製作四支筆為一組。

2. **原木聚寶瓶：**原木做的聚寶瓶，可放在東方，象徵木木相生，以提升智慧財，增加我們的智慧、考運還有學習能力。

3. **書桌不面窗：**書桌如果面窗，而窗戶開太低，容易坐不住，建議書桌轉向，或是窗戶玻璃前面貼霧面貼紙。

Chapter 3

居家好擺設，生活平安又順遂

想要改善居家風水，很多地方都需要大動工程，

如果不想大興土木把家裡重新裝潢，

其實也可以改變擺設，將居家改造成風水「好宅」。

玄關擺設好，招財擋煞

進門首先看到的就是玄關，雖然相對空間比較小，但是身為陽宅門面，在風水中卻不容忽視。詹惟中老師常說：「站在大門口，福禍知八九。」選擇合適的玄關擺設，不僅出入家門都能順手收納、不再忙亂慌張，而且還能風生水起，好運旺旺來。

✦「大門」選得佳，門神自然保佑 ✦

大家都聽說門神，但實際上門神在哪裡呢？答案就是：「進出的大門之處」，如果大門後面掛滿雜物，有如讓門神背了包袱，會使得居住者在外工作繁重，卻不一定收到正面效果。這些物品使得財氣不聚，工作上貴人會遠離，口舌是非多，最好改掛旁邊牆上，或收納整齊，讓大門保持乾淨整潔。總而言之，我們

▲門神位於大門後方，
　應保持乾淨無雜物。

在玄關盡量不要堆放太多的雜物、地面上不要擺放鞋子，不僅會影響貴人運，也會影響居住者的財運。

俗話說：「大門一吉全家皆吉，大門一凶全家皆凶」，因為大門是全家進出的地方，也要特別注意風水。如果並排的兩戶大門，在打開時會相互碰撞，將影響地勢低的屋主財運。主要是由於財氣像水流一樣是隨著地勢由高而低，因此地勢低的房屋，財氣容易被地勢高的房屋大門給阻擋，無法流入家中，最好讓大門同開一邊，或是可擺設一些盆栽，阻擋財氣流掉。

此外，關於大門的選擇，也有以下幾點必須注意：

1. 大小門／家中不和諧

如果家中的門有兩片大小不同，代表龍虎兩邊的氣勢不一，將會帶來兩種結果：

- **左大右小：** 大門龍邊大、虎邊小，男主人較強勢，難溝通。
- **右大左小：** 大門龍邊小、虎邊大，女主人較強勢，易爭執。

最好改成一片門，男女主人居住起來才會和諧。不過，改門比較麻煩，謝沅瑾老師提供化解的方式是在小片門的正下方擺放五帝錢，

由左至右順序分別為「順治、康熙、雍正、乾隆、嘉慶」，以化解大小門的影響。湯鎮瑋老師建議在較小的門框上，掛一面圓形鏡子或是九宮八卦牌，用來增加小門的氣勢，也可以提升家人之間的和諧度。

2. 同門不同軸／家人不同心

門的軸心象徵著居住者一家人的向心力，如果大門處同門不同軸，容易造成家中紛爭不斷，家人價值觀不同，也不易齊心。謝沅瑾老師建議化解的方法是將門改成同一邊，或在內外門中間的夾縫掛五帝錢。

3. 透明門／犯小人又漏財

透明的大門，大家都看得到居住者的一舉一動，不但沒有隱私，還容易遭人覬覦，在運勢上容易犯小人，還會因此造成漏財。謝沅

▲家中大門應避免大小門，否則家庭氣氛容易不和諧。

瑾老師建議要使用不透明材質的貼門紙將門貼起來化解。另外，如果大門上有窗，錢財也容易外漏出去，最好要把上面的窗戶用布簾遮住，或用木板封住。

4. 不鏽鋼門／感情不易熱絡

金屬製的門，給人冰冷的感覺，就像冰櫃一樣，如果住進這樣的房屋，不僅影響家人之間的感情，左右鄰居也不容易熱絡，因此最好貼上木質皮或塑膠皮，以遮蔽寒氣，避免大家感情變得生疏。

5. 大門無門楣／形成靈堂煞

大門可是居家最重要的一個關卡，一般大門都會有門檻跟門楣，如果沒有門楣，外框直接向上延伸，形成類似靈堂的格局，輕則招陰，重則有病痛，因此可以貼春聯、九宮八卦牌，或者設立門楣。

▲同門不同軸可用五帝錢化解。

▲金屬製的大門會影響家庭和左右鄰里的情感。

✤ 玄關「穿衣鏡」✤

許多人喜歡在客廳或玄關擺放穿衣鏡，但是如果鏡子反射到客廳沙發主座位，男主人容易坐不住，老愛往外跑，導致家人不聚。鏡子若是反射到大門，或是鏡面的大門，不僅口舌是非多，財氣也容易跑掉，因此在擺放鏡子時最好避開以上地方。如果是鞋櫃的鏡子，則可以用簾子遮擋或貼霧面貼紙。

✤ 要「鞋櫃」，不要鞋架 ✤

玄關最常見的擺設就是鞋櫃了，大門口宜用封閉式的鞋櫃，避免臭氣外溢，形成「味煞」影響氣場。如果讓鞋子外露，變成口臭門，出外容易與人發生口角，所以最好避免使用鞋架，要改成有門的鞋櫃。鞋櫃和鞋架是不一樣的，櫃子帶來的是貴人的「貴」，而鞋架就是帶來吵架的「架」。假若家中已經是使用鞋架，那麼最好要加裝布簾遮擋。

鞋櫃的擺放位置也很重要，前面章節提過「龍怕臭、虎怕

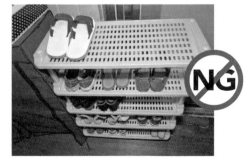

▲如用鞋架，要避免放在大門左邊，並加裝布簾遮擋。

動」，因此可別在門的龍邊也就是左手邊擺放鞋櫃，鞋櫃放置在龍邊會影響男主人的事業，詹惟中老師建議可以移位或改成有門的鞋櫃，最重要的是要將鞋子收好。

　　每天出入都必須經過的玄關，站在風水的角度來看，主要是掌管全家人的貴人運以及財運，因此這裡可說是迎接好風水進門的最前線。此處的擺設規劃好壞與否，足以影響全家人的前途與錢途，以上擺設重點請大家多多注意。而在移動家具擺設時，最好選擇農民曆上的修造日或動土日，如果是要改變門的開向，除了以上的日子外，也可以選擇「安門」的日期，可別貿然移動造成反效果。

風水！不求人

設置屏風，形成安全屏障

如開門就可以看到屋內，就像衣服的口袋翻開給人看一樣，有多少錢財都會被看光光，而且還可能引來小偷，因此最好在玄關處設置屏障，代表從屋外進入家門時的一個緩衝。尤其家中若有「開門見膳」的格局，一進家門就看見象徵家財的餐桌或是廚房，一定要擺放屏風或收納櫃，可以防止家財外漏。而阻擋的櫃子或牆面應高過大門，效果才會好。

客廳擺設好，家運興隆

客廳，顧名思義就是代表陽宅中「貴客迎門」的一個空間。詹惟中老師表示客廳有兩種財：一種為山財，一種為水財。山財就是客廳的酒櫃、書櫃，這種高大的家具；水財則是客廳的座椅跟桌子，較低矮的家具。如果這些家具擺設得當，那麼自然千客萬來，會帶來豐盛的財運。

✚ 客廳「燈光」要亮 ✚

在風水中講究「明廳暗房」，由於客廳是平常活動的場所，客廳的燈要夠亮，均勻地散布在整個角落，才能照亮整個空間，帶來旺盛的貴人運。相反的，太暗淡的燈光會使得室內昏暗不明，久處其中容易情緒低落，也會影響屋主的事業發展；所以，如果客廳空間比較大，或是窗戶採光不足，都要多添加一些燈具，以補足客廳的亮度。

在風水中，天花板燈具的選擇也很重要，如果燈具採用一根根的燈管，猶如萬箭齊發，對居住者來說住久了會產生不良影響，建議

最好是用圓形的燈具，因為圓形象徵圓滿的寓意，比起其他奇形怪狀的燈具，是比較安全保險的。此外，天花板在裝設主燈時要注意高度，如果裝得過低會讓居住者產生壓迫感，影響事業的運勢。

在裝修房子時，有些人喜歡加入一些時尚元素，或是加強華麗感，但是詹惟中老師建議在裝潢與選擇家具上應避免會反射、反光的物品，像白色大理石磁磚地板，或是鏡面式櫃子，客廳地板使用大理石地板，看來雖然高貴，但會加強冷度，影響家人感情，尤其若是家中濕度高，應盡量避免客廳冷色系裝潢過多，會使家人難以相聚，造成坐不住、留不住人的情形。如果家中有這類的材質，可以加米色地毯、桌巾等物品來化解，或是加裝燈飾，改善風水氣場。

▲客廳的裝潢家具避免反光。

✤「沙發」的選擇很重要 ✤

　　沙發是日常用來休息、閒談及會客的家具，在客廳中佔有相當重要的地位，代表客廳的主客之分，如果沒有沙發就沒有主位，象徵外出無人脈，客廳也會過於空曠、影響財運及貴人運，容易受騙。因此，務必要選購一套好的沙發，把客廳的整體性營造出來，為所有居住者帶來好的前程運勢。

　　另外，還可以透過沙發的顏色來開運，詹惟中老師建議可以根據客廳座向來挑選顏色：

大門方位	適用的沙發顏色	不適合的沙發顏色
東方	綠、紅、黑	白色
南方	綠、紅、黃	黑色
西方	黑、白、咖啡	紅色
北方	黑、白、綠	黃色
四偏方	紅、白、咖啡	綠色

※若大門方位與沙發顏色相沖，則可用椅墊顏色改善，不需更換整組沙發。

　　倘若沙發太過破舊，或有破損，不僅造成觀感不佳，也會破財連連，更容易使家人皮膚過敏，小孩或老年人的呼吸系統受影響，建

議要買新的沙發或用布，將沙發包住。
而沙發擺放的位置須注意以下幾點：

1. 冷氣避免在沙發上方

如果冷氣位在沙發上方，會使坐這個
位置的人坐不住，老想往外跑，因此冷
氣下方不可擺放沙發，要將沙發移位。

▲冷氣下方不可擺放沙發。

2. 居家動線需順暢

如果沙發擺放在動線上，財神爺入門後就會受到阻礙，進而使得
屋主的財運不順，也容易使人坐不住、想離開家裡，因此避免擺放
在居家動線上。

▲沙發最好倚靠實牆，並掛上山水畫。

3. 沙發背後無靠山

如果沙發背後是窗、門或走道，無實牆可靠，造成背後無靠山，容易犯小人，因此，為了讓居住者無後顧之憂，擺放時最好倚靠實牆，並且在沙發後面掛一幅山水畫，或是放置九宮八卦唐卡，象徵為屋主增添靠山。

✦「櫃子」有高有低，才能步步高升 ✦

櫃子的選擇在風水上也是有學問的，最好選擇方方正正的櫃子，櫃子前低後高，象徵步步高升，對屋主的事業有不少加分的作用！如果櫃子呈現鋸齒形狀，不但沒有步步高升的作用，甚至會造成家人的事業不順，因此，在購買時最好要避免選購有刀形的櫃子。萬一家中櫃子已經是這種類型，可以將櫃子空間填滿，或是貼上背板，以化解刀型帶來的影響。

▲客廳的櫃子應選擇方正，避免刀型或鋸齒狀。

另外，分開兩邊的櫃子像是兩顆眼睛，形成所謂的「哭字櫃」，對感情及財運容易造成不良影響，建議要將兩個櫃子中間補起，變成一大櫃子，或是拆封掉其中一個櫃子。

✚ 廳有廳樣，提升家運 ✚

客廳是迎接貴客的空間，所以一定要保持乾淨，不要堆放過多雜物，如果家中有小孩，也別讓玩具散落一地，可以增加收納櫃、專門規劃一區放小孩用品，以避免影響家宅運勢。另外，如果有養寵物，也要隨時保持清潔乾淨，如果一進門就有很嚴重的異味，不僅影響健康，也會使屋主事業受阻。建議要將寵物養在通風良好的地方，或是使用一些除味的芳香精油，讓客廳避免受到「味煞」影響。

最重要的是別讓客廳放置不該有的擺設，例如衣櫃、沙發床、廚具等等，影響出外運勢，容易使得家人做事三心二意，穩定性不夠。

廚房擺設好，生活無虞

在整個風水擺設中，廚房的空間是關乎健康與財運的重要關鍵。從現代的視角來看，廚房已經不只是儲藏食品、烹調料理的場所，在這個空間裡，還包含屋主的設計品味與生活習慣，廚房乾淨整潔，心情也自然會美麗，甚至還會帶來正面的風水能量。

廚房既然是料理的場所，擺設的好壞對料理者有著很大的影響，想要打造廚房好風水，就來學習一些擺設的重點吧！

✦ 廚房加裝「門」，好運留得住 ✦

古代的廚房是獨立的空間，現代住宅則是與居住空間合而為一，因此廚房必須要有門，作為區隔。如果廚房沒有門，單身者不容易有桃花；已婚者，則不容易留住男主人的心，所以廚房一定要加裝門，不僅留住另一半，也讓象徵家財的廚房，錢財不易外漏，好好守住賺回來的財富。

廚房雖然要有門作為空間區隔，但是如果廚房門直通往後陽台，代表整個財運是一個無底洞，錢財一入袋就又馬上花光。由於後陽台象徵後代子孫的運勢，因此，如果有此格局的廚房，女主人將會為後代的子孫勞碌一生，建議要在後陽台的門上掛門簾，作為化解。

由於，風水中「門為口」，門前門後有垃圾桶的話，容易口出惡言，家人容易有口舌紛爭，所以平常就要保持良好習慣，將垃圾雜物收好，並且避免將垃圾桶放置於門口處。

廚房是烹飪食材的地方，若廚房沒有設置窗戶，會使烹飪的熱氣和氣味無法散去；風水上，廚房五行屬火，更會導致居住者火氣旺

▲廚房應為獨立空間，
　要有門與其他空間隔開。

▲廚房門前門後不應擺放垃圾桶。

盛。如果陽宅屬於此種格局，湯鎮瑋老師建議除了保持廚房通風，還需在要爐灶上方擺放銅麒麟來化解。

✦「爐灶」擺得好，守財無煩惱 ✦

「門、主、灶」為風水三要，也就是大門，主臥室、廚房，這三個空間，其中廚房最重要的就是爐灶的擺設了。爐灶就是泛指現在的瓦斯爐、電磁爐等，這些烹調的器具，不僅負責一家人的溫飽，也影響了一家人的健康。關於爐灶，在擺設上有幾個重點要留意：

1. 灶前有窗，財氣吹光光

爐灶旁邊有窗容易造成炊事不順，會導致漏財，即使只是一片玻璃，並不能打開，這樣也會有影響，因為有形必有煞，會導致居住者在賺錢時沒有貴人相助，求財辛苦，還因為財氣都流失到窗戶外，

▲爐灶瓦斯爐旁要避免有窗，易吹光財氣。

▲灶後有門容易犯小人，建議加裝上門簾。

所以容易遇到破財情況，留不住錢財。如果無法移動爐灶的位置，那麼建議要封死窗戶，防止財氣外洩，或貼霧面貼紙，讓爐灶不被外面看見。

2. 爐灶後有門，易犯小人

　　灶後有門會使屋主在料理三餐時心神不寧，在外則容易犯小人，且會是非不斷，此外，會使家中女性容易出現婦科方面的病灶，例如：子宮疾病等。如果無法移動爐灶，那麼建議要在門上加裝門簾來化解，或在爐灶上放麒麟踩八卦，如果覺得身體已經有受到影響，也可以加掛葫蘆。

風水！不求人

移動爐灶要注意

改造爐灶家具時，如果只是移除瓦斯爐，但是爐灶下方的櫃子沒有移動，是沒有效用的，因為有形就有靈，所以以風水格局來說，此處還是屬於爐灶的位置。那麼，如何去除爐灶的形狀呢？謝沅瑾老師建議可以用木板覆蓋整個爐具，再補上一樣顏色或材質的木板，以去形除煞。

3. 鏡子照爐灶，火氣愈旺

爐灶在五行中屬火，如果鏡子照到爐灶，容易因為反射效果，使得家中主人愈煮火氣會愈大，造成情緒問題，而且爐灶象徵家財，如果被鏡子照射，也會使得家財耗盡。若是遇到到居住者流年不利，甚至可能引發火災，導致大破財。所以最好移開鏡子，避免受到反射效果影響，或將鏡子貼霧面貼紙，化解危機。

4. 爐灶過低，財運低落

由於瓦斯爐在風水上被認為是「財庫」，如果瓦斯爐的爐面低於旁邊的流理台，象徵「財庫低落」，代表家中可能有漏財的危機。其實以科學的觀點來說，瓦斯爐面太低，在烹煮食物時，容易被旁邊的水龍頭影響，而且在流理台處理食材，也可能會有水、殘渣等物體飛濺到瓦斯爐火裡，造成危險。謝沅瑾老師建議可以使用穩定、耐熱、耐久的物品墊高瓦斯爐台，使爐面高於流理台為佳。

化解法　建議可以使用防火材料墊高瓦斯爐，使爐面高於流理台，要注意墊高材質與方式必須絕對穩定、耐熱、耐久，避免化解原有問題的同時，又創造一個新的危險因子。

✦「冰箱」變身開運法寶 ✦

俗話說「民以食為天」，而這些食材都是存放於冰箱中，因此冰箱也象徵家中的財庫，在風水上一定要謹守「錢財不露白」的原則來擺放。如果一進家門，就能看見冰箱，代表錢財露白，容易有漏財的機會，所以必須在玄關擺放屏風，或是移開冰箱。或許有些人在居家空間有限的情況下，會將冰箱擺在後陽台，這也會造成財庫外露、錢財耗盡的情況；如果無法移動冰箱，湯鎮瑋老師建議可以在冰箱下方擺紅地毯，並在紅地毯下擺36枚十塊錢硬幣，取「三十六天罡」的極陽之數，以提升地氣。

爐灶五行屬火，冰箱五行屬水，水火相剋，因此爐灶與冰箱應該避免相對，以免影響健康，為家人帶來口舌紛爭。若家中有爐灶正對或緊靠冰箱的話，湯鎮瑋老師建議將冰箱移到其他位置，以避免水火相沖，要是無法移位，可在爐灶上掛一串開光過的古銅錢，減緩水火不容的煞氣。

▲冰箱與瓦斯爐不應正相對。

此外，也要注意別讓廁所穢氣直衝冰箱，否則容易影響家人健康，務必將冰箱移位，或是裝上門簾以阻擋穢氣外流。

✤「水龍頭」的財運布局 ✤

水龍頭在風水中稱為財水，「水」象徵財，相較於屋子的其他地方，廚房的水龍頭經常源源不絕地流出水來，因此水龍頭的轉向也必須注意。如果水向門口流，象徵錢往外流，容易漏財。謝沅瑾老師表示水龍頭的方向應往廚房前門流，象徵錢花在看得到的地方；若往後陽台流，則是會把錢用於社交或不清楚的流向，如請朋友吃飯等。

▲廚房裡水龍頭的方向與財運有關，最好朝向廚房前門，才不會花錢如流水。

另外，水龍頭在五行中象徵水，爐灶在五行屬火，如果水龍頭朝向爐灶，代表水火相沖，家人感情失和，也容易影響女主人的健康。而水火相沖有無情之意，因此會使家人間常為了錢財、利益發生爭吵，就算同住一個屋簷下，也不相往來；所以最好要將水龍頭轉向，並在水槽和爐灶間做遮擋，若無法移位置，可在爐灶上擺放黑曜石龍龜，避免錢財如流水般的花費，也能讓家人感情更融洽。

其實，不論小套房還是透天厝，不論一人居住還是一家子生活，大家都離不開「飲食」這個重點。所以，若能夠正確地布置，便可以避開不利的因素，製造出有利於居住者良好運勢的廚房風水。

風水！不求人

其它廚房擺設

❀ **時鐘**：廚房代表女主人，如果廚房擺放時鐘，女主人容易勞碌，導致家裡三餐老是在外，炊事不旺，財庫也不會興旺。

❀ **刀具**：家中刀具要擺放在櫥櫃中，如果直接放置在流理台上，尖角形的物體會形成一種衝突的氣勢，容易引起口舌是非。

餐廳擺設好，一家和樂

在我們辛勞的工作過後，回到舒適的家，與家人團聚，一起開開心心地享用一頓晚飯，必然是許多人期望的事情。由於，餐廳的擺設會影響一家人感情關係與健康，因此，在風水上必須注意一些家具放置的細節，好讓家人每天都能愉悅的談天說地，享用美味的餐點。

✤「餐桌」，聚集家人人氣 ✤

餐桌是餐廳中最重要的家具，也是一家人聚首進食的重要之處，但是現在由於工作忙碌，導致許多人常常沒空煮晚餐，連帶影響家人會在外面吃完晚餐才回家。許多上班族回到家後就洗澡、看電視，不然就是窩在自己房間裡，很少會坐在餐桌前聊天或問候一下家人的近況，因此有些家庭連餐桌都省略不擺放了。

有些房屋坪數較小，沒有地方設置餐廳，也沒有空間放餐桌，建議大家可以把客廳的茶几當餐桌使用，來增加留住家人的氣場，而且整個家也不會看起來空蕩蕩的。風水中認為客廳擺得好代表客人

多，而餐廳擺得好代表家人多，家裡人要團聚，就是要靠餐桌，如果家裡沒有餐桌，大家的心自然也不會留在這個家。

▲餐桌是家族聚集的場所，要好好布置，才會一家和樂。

　　俗話說「家和萬事興」，因此在選購餐桌時，盡量選擇圓形餐桌，因為圓形象徵一家老少團圓圓滿，能促進一家人溝通與交流，聚集人氣，讓家庭氣氛更和諧。避免選擇透明餐桌或是沒有邊框的桌子，如果餐桌是透明玻璃，則有漏財危機，可以加米色桌巾阻擋財運流失。

　　餐桌是一家大小聚首吃飯的所在，最好寧靜安穩，才可閒適安心地享用餐點，因此餐桌擺放的位置最好避免後面有門窗，另外，餐桌附近也要注意是否有鏡子，由於鏡照餐桌，會導致家人不聚，因此最好將鏡子加不透光簾子，或移開鏡子避免照射到餐桌。

▲餐桌的選擇應以圓形為主，
並避免使用透明的餐桌。

✦「電器用品」應遠離 ✦

　　許多人為了用餐時方便，會將電鍋或微波爐等電器用品放置於餐桌附近，或是置於走道上，但是在風水上，「走道」象徵著家人溝

▲電鍋、微波爐等電器用品應擺放在廚房，避免在餐桌周圍。

通的管道，把這類屬火的家具放在溝通的管道上，家人的溝通容易出狀況，因此最好將電鍋放置在廚房等空間。

　　瞭解了餐廳對家庭團圓、夫妻和睦的影響力後，就知道餐廳風水可是不容小覷的，因此關於餐桌及其他家電的擺放細節，也要多多留意，才能讓居住者和氣生財，帶來好影響。

衛浴擺設好，身體健康

衛浴這個小小的空間，不少人在風水上常常忽略了它，但是它可是有著舉足輕重的影響，這裡不僅是排除汙穢，也是潔淨身體的地方，因此在裝潢時就要仔細思考，該如何設計才能避免讓居家風水陷入危機。

古代廁所衛生設備比較差，風水上總是有很多原則與禁忌，儘管現在可利用抽風機、除濕機等科技化的設備改善衛生環境，但還是要時常注意廁所整潔，也要養成隨手關門的習慣來擋煞。而在浴室用具的擺放上，由於現在衛浴設備比以前有更多的電器用品，如暖風機、智能馬桶蓋、按摩浴缸，甚至連防水的電視機都有。雖然不是每一個家庭都有安裝，但是足以顯見大家待在浴室的時間，變得更長了，因此，衛浴風水對我們的影響也更加深遠。

✤「馬桶」穢氣多，擺設要注意 ✤

　　馬桶是廁所裡最為汙穢的家具，如果馬桶朝向屋前（馬路的方向），代表主人煩惱多，可將土種黃金葛放在馬桶的水箱上來化解。謝沅瑾老師表示「土種黃金葛」主要是取土剋水、水生木的五行生剋原理，來達到化煞之效，因此水種的黃金葛不具效果。土種黃金葛必須用黃光投射燈，每日照明 8 小時以上，才能發揮效益，並非隨意放於廁所中就有功用喔！

　　如果一打開廁所的門，就可看到馬桶，會導致居住者衰運連連，建議在門口加裝過膝門簾遮擋穢氣。節目中，曾有屋主有加裝門簾，但是卻只是短短的一小片，放了一段時間，似乎仍然睡不好，常常有健康上的問題，後來經過風水老師講解，才知道這樣的解法只做了一半，難怪徒勞無功，提醒大家還是要注意細節，才能有效發揮門簾的作用。

▲開門見馬桶，容易讓居住者運勢不佳。

✤「熱水器」火氣旺，需區隔阻擋 ✤

　　現代生活便利，一開水龍頭就有溫暖的熱水可供使用，而這一切都有賴家中的熱水器。熱水器一般常用的有三種 —— 一種是瓦斯型的，另一種是電能型的，還有一種是太陽能的；其中，瓦斯熱水器在使用的時候要格外小心，注意氣體外洩的危機，最好安裝在浴室以外或是通風透氣的地方。在安全上來說，盡量挑選強制排氣型的，不論安裝在室內或室外，都可依照地形、風向把排氣管牽到窗外，避免廢氣回吹。

　　在風水上來說，熱水器象徵「火」，如果一進門見熱水器，就會有莫名的火氣，全家人脾氣易暴躁，嚴重的還會影響家人身體健康和夫妻的關係。最好將熱水器放置於進門看不到的地方，也可以用盆栽作為區隔阻擋。

▲熱水器應擺放在室外，
　不該放在浴室內。

▲若浴室門打開就能看到鏡子，
　應該用門簾遮擋。

✦「鏡子」與「窗戶」✦

廁所裡的鏡子，是我們沐浴後整理儀容的地方，如果這面鏡子剛好對門或是對窗，使得廁所的穢氣外生，象徵著居住者外出遇不到貴人，也容易識人不清、遇到爛桃花。因此，最好移動鏡面，如果無法更動位置，也必須在窗戶或門口加裝簾子，以防影響風水。

由於衛浴場所常會有污穢、潮濕，若沒有窗戶，通常採光容易不足，濕氣也會太重，不只是桃花運，連人氣也無法聚集起來，便會影響自己的人際關係。如果家中廁所是此格局，只要在廁所內貼上假窗貼，即可以輕易化解。

Before

After

▲有些浴室內沒有對外窗，可加上假窗貼改運。

✦「位置」要注意 ✦

為了不讓穢氣外漏，開門所見處處危機，以下告訴大家有哪些該注意的地方：

1. 進門見廁

所謂破財難測，若一進門便可看見廁所或馬桶，容易破財，家運也容易衰退；謝沅瑾老師建議，可在廁所門口加裝深色不透光的過膝門簾，避免財氣外露。

2. 廁沖床

廁所位置若開門見到床位，或床上可直接見到廁所、馬桶，宜加門簾阻隔。

3. 廁沖書桌

書桌代表學業或事業，因此若廁所正對書桌，而房間主人為學生，會容易影響考運；出社會者則容易有小人，事業上易被陷害。

4. 灶包廁

有些家庭礙於格局關係，而把廚房和浴廁屬於同一空間，家人必須先走進廚房，才能到浴廁，在風水上形成「灶包廁」的煞氣。由於廁所的穢氣容易飄散至廚房，長期下來容易引起腸胃方面疾病。欲化解「灶包廁」的方法，除了將廁所移位，也可以在廁所門口加裝過膝門簾作為化解。

臥房擺設好，幸福美滿

臥房是每天我們休養生息的場所，如果風水擺設不當的話，短期來說會影響睡眠，導致工作無精打采，長期下來則會影響健康；而對女性朋友來說，則會讓臉色暗淡無光，輕忽不得。一個好的臥房風水，不僅能夠讓自己住得舒適，還能對事業、愛情和財運有所助益，一舉數得。下列就來瞭解如何布置一個幸福美滿的房間吧！

✚ 床位選得好，睡眠沒煩惱 ✚

臥室中，床是最重要也是面積佔地最大的家具了，因此如何擺放好床位，是每個重視風水的人所關心的話題。以下列出一些常見的問題，提供大家參考：

1. 床位位於門沖

若床位位於門沖，容易影響身體健康並且易有血光，如果沖的位置在頭部，可能會造成腦部疾病，最好要搬移床位，或將床頭調轉

180 度貼緊實牆；如果無法移動，要在進門處加裝櫃子或隔板，做個緩衝。

2. 床頭沒有隔板或床頭櫃

床頭直接貼牆，牆壁的低溫會造成頭部血管收縮，容易引起頭痛等問題，最好在床頭加上隔板或床頭櫃，不要讓頭跟牆壁直接相對。

3. 床位後面是廁所

床位後若是廁所，將對健康造成巨大影響，由於廁所容易產生濕氣和穢氣，在這樣的房間睡覺，就像沒有休息一樣，容易情緒不穩時常生氣，特別是頭部容易出現問題，也會影響思緒導致做出錯誤判斷，如果床頭正後方為馬桶，影響更嚴重，建議在此面牆上貼 36

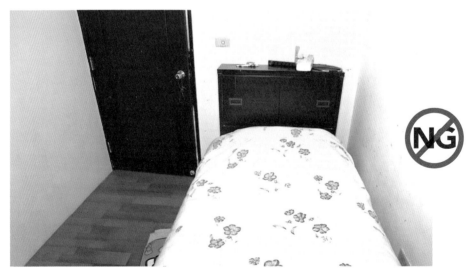

▲開門見床，容易影響身體健康。

枚五帝錢，並蓋上黃布，讓廁所跟房間的氣場做出區隔，或是用較厚的床頭櫃隔開，並在床頭擺上葫蘆或黑曜石龍龜去除穢氣。

4. 床頭後方是窗戶

床頭後有窗，氣場不穩定，易導致睡眠不安穩，長期下來，會使人思緒不集中，甚至出現頭痛或其他健康問題，而且床頭位置懸空無靠，導致出外無貴人相助，做事難以成功。最好辦法是將床移到有實牆的位置，如果無法移動床位，就必須封窗，或是使用厚布窗簾遮擋，也可以擺放白水晶球穩定磁場。

5. 臥室內有哭字窗

如果臥室內同一面牆上有兩扇窗戶，形成「哭字窗」的煞氣，會導致臥室主人容易遇到令人傷心的事，影響居住者的情緒，易有悲觀、負面的想法。如果家中睡床床頭背對哭字窗，感情方面易遇到第三者；床尾朝向哭字窗，則易有爛桃花。湯鎮瑋老師建議最佳化解辦法是封住其中一扇窗戶，或是用窗簾遮擋一扇窗戶。

6. 沒有床板

沒有床板的床墊，地氣容易直接影響身體，造成健康問題，最好加裝床板。

7. 床兩邊要留通道

　　床的兩邊盡量都要留有空間，象徵「左右逢源」，人際關係會比較圓融順利，如果龍邊太小或虎邊太小，對於男女主人各有不利的影響。

▲床位兩邊應留有空間。

8. 鏡子照床

鏡子照射到床位，會讓睡眠品質不佳，造成精神不安定，起床時容易被嚇到，如果無法移動，必須用霧面貼紙遮蓋鏡子。

9. 懸空床

懸空床不僅影響睡眠品質，也會造成前途阻礙，最好將床位換成一般床墊，或是在床正中央底下掛五帝錢。

✚ 梳妝台與房間門 ✚

梳妝台的座位如果背門，容易犯小人，因此要在門上掛過膝門簾來化解。而梳妝台在擺放時也要注意上方是否有樑，由於梳妝台象徵女主人的財庫，如果有「樑壓梳妝台」的情況，代表經濟壓力大，

▲鏡子直接照到床位，會導致精神緊張。

容易使財庫見空，會使女主人對金錢有較大負擔，長期下來也會影響身體健康，可在樑下擺葫蘆或龍龜做化解。

化解法　若有樑壓梳妝台的格局，最佳化解辦法是移動梳妝台位置，若無法移動，可在梳妝台上擺放水晶葫蘆化解。

風水！不求人

新房布置

國人一向重視風水，對於新房布置也有許多禁忌，究竟該如何布置，才能讓感情更加甜蜜呢？

❀ 安置新床前，需先將床墊立起來，等黃道吉日再將新床平放擺好。建議可以使用亮色床單，以提升房間整體的明亮感。

❀ 除了添購窗簾、梳妝台等用品，也可以使用粉色或碎花壁紙，為新人感情加溫。

❀ 房內可放一些抒情音樂，化解外面的音煞。

　　房間的門，一般來說需要經過文工尺量過大小，最好選擇吉數，以免遇到不良的影響，如果剛好不是吉數，可以加裝門簾化門框的長度為吉數。

　　此外在門的形狀上也要注意：

1. 拱形門

　　拱形門又稱為「驛馬門」，家中成員容易像個無頭蒼蠅，在外勞碌奔波，也無法與家人團聚。湯鎮瑋老師建議加裝門簾，可化解拱形的形煞，也可以加掛九宮八卦牌，形狀上多加了一個圓形，形成葫蘆，象徵福祿門。

2. 蝴蝶門

　　兩個門相鄰有如一對蝴蝶的翅膀，容易使家人感情不佳，造成勞燕分飛，導致夫妻感情不順。因此可以改用拉門，或是加裝門簾化解。

▲家中有蝴蝶門，家庭易感情不佳。

神桌位置好，神明保佑

自古以來，大多數人因為信仰、尊敬神明、祈求保佑，而在家中安置神像，但是不可忽略神桌的擺設有一定的風水禁忌，如果神桌擺放得宜，讓神明、祖先能夠住得舒適，不僅能夠使家運興旺，更能夠保佑闔家平安；若擺放神桌時不小心觸犯到禁忌，可能連帶地使得家道中落，家運直線下滑。

✦「神桌」擺設風水大全 ✦

平常我們在安置神明時，都會注意到神明所注視的正前方位置、風水是否良好，但往往忽略神桌的左右及後方的位置，而不小心犯了禁忌，下列要來跟大家說明神桌位置該如何選擇，才能讓神明住得舒適自在。

1. 神桌的高度

神桌的高度標準應於胸線的位置，最低不應低過肚臍，如果過低會對神明不敬，影響家運。而神桌與地面的高度應為文公尺紅字範

圍，若遇到文公尺黑字，即提醒家人運勢最近須注意事項，例如：
遇到黑字「退口」，代表有人離家或往生。

2. 神桌的左右兩邊

神桌的左右兩邊與牆壁的距離，也同樣需要是文公尺紅字範圍，
而且最好龍寬虎窄，否則容易造成家庭失和。切記，虎邊不可太窄
以免逼虎傷人，易對全家健康造成影響。由於風水「龍怕臭，虎怕
吵」的原則，所以神桌的龍邊要避免與廁所正沖，虎邊則要避免堆
放會發出聲響之物品，比如說像電視、音響、冰箱、時鐘等等。俗
話說，老虎要蟄伏、要安靜，才能夠靜靜休息，如果放置嘈雜物品，
老虎一動起來，易影響工作或發生血光之災。

3. 神桌前方

神桌宜朝向屋前，代表迎神向天，也意味著喜從天降，「明堂寬
闊，前途無阻」家運才會步步高升；千萬不可以朝屋後，否則容易
導致「家運衰退」，是極為嚴重的煞氣。神桌的位子能讓神明看得
愈遠越愈好，代表廣大無邊、步步高升。此外，要切記神桌不宜面
向廁所、廚房、鞋櫃，否則易犯味煞，穢氣重，對神明大大不敬，
易造成家運衰敗。

　　而神桌位置前有吊扇，猶如抬頭見刀，容易影響家運，還會造成血光意外，宜將風扇拿掉。當然，神桌前也不宜擺放鏡子或具有反射效果的鏡面玻璃，風水中認為鏡子會反彈氣流，若鏡子對著神桌，容易使神明不安穩，難以庇佑全家，甚至會導致家中不平靜，影響家庭成員的運勢。如果家中神桌前有裝設鏡子，須將鏡子拆除或貼上霧面貼紙。

4. 神桌後方

　　神桌後面避免是樓梯、電梯——因為電梯及樓梯的上升、下降，都暗示著家運衰退，特別是電梯時常上上下下，代表家中運勢起伏不定，也會使家中氣場更加混亂。此外，神桌正後方宜整潔清淨，不受打擾，如果神桌後有臥室，也不適合 16 歲至 60 歲的人居住，而且如床腳朝向神桌，易造成夫妻感情失和、有口角是非；若是父母親房間，會不得子女緣，年老了沒人照顧；小孩房的話，孩子的人際關係會受阻礙，也不容易有桃花運。

化解法　❀ 將其改成有屋簷的懸掛式神桌。

　　　　　❀ 在神桌後貼紅紙來阻隔。

　　　　　❀ 在神桌背後貼上黃布並縫上 36 枚五帝錢。

---

5. 神桌的上下

　　神明桌的位置避免上方有樑柱，風水上稱之為「擔樑」，代表居住者肩挑重擔，做事辛苦勞碌、有志難伸，而這樣的狀況也容易導致家人會有頭部方面的毛病。如果設置在有樑柱之處，可使用有加蓋的神明桌。但是居家神桌應避免使用鑲在牆上、懸空的桌子，沒有接地氣，會讓祖先跟神明無法安穩。如果居家空間有限，不得不使用懸空的神明桌，那麼位置也盡量高過人，象徵高高在上。如想要追求信仰財與祖先財，當然也不宜有冷氣吹拂，以免吹走財氣。

▲台灣有不少家庭中擺放神桌，而擺放的方法大有學問。

神桌大有學問，跟著做從此諸事順

✦「火爐」有玄機，護子護孫好福氣 ✦

　　一般我們都知道拜神明的火爐宜使用圓形的爐子，代表圓潤、圓融，五湖四海都能夠包容；但鮮為人知的是，拜祖先時所使用的火爐最好選擇方形爐，由於古人的火爐都用錫礦做成，「錫」代表「惜」福，祖先爐若使用方形有耳的火爐，意味著子孫為人方正不忘本；如果方形爐上有耳朵，也意味著耳提面命，亦有加分的作用。

▲神明爐宜使用圓形。

　　神明爐和祖先爐在擺放時，可做一個差別，由於神明爐為「陽」，所以可將神明爐往前擺放一點，超過祖先爐；但要記住，火爐的大小不可大過神明，否則香火會被火爐擋掉，家中事業、家運容易受阻礙。擺放火爐時，也不可讓神明的腳對到火爐的位置，若讓神明踢到火爐會形成腳踢爐的禁忌，代表家裡的人容易有口舌是非、比較容易生病，造成家庭失和。

　　神明腳踢爐破解法　在清屯日（農曆 12 月 24 日）這天是百無禁忌的，所以當天中午前將神明高度調低，即可避免腳踢爐而不小心觸犯到禁忌。此外，也要避免香爐在貢杯前，否則神明不來，會招陰，一樣要在清屯日調換位置。

✦「神明、神主牌」褪色 ✦

神明像掉漆千萬要注意！很多時候我們看到神明的金身褪色、掉漆都不會多加注意，但其實神像掉漆往往是給予我們災難即將來臨的徵兆。以下為神像掉漆部位可能代表的意思：

掉漆部位	徵兆
臉部	預警家中苦難、災難，運勢不佳
眉毛	誤交損友、有血光之災
嘴唇	易犯口舌是非
鼻子	破財

神桌的牌匾若褪色，代表著家運衰退，神明容易坐不住，若發生神像或神桌牌匾褪色的情況，可將神像請至佛具店補漆，得以化解。在祭拜神明時，不建議使用神像圖案，宜擺放真的木雕神明回家祭拜，神明才能真的進家中庇佑家運，且神明一定要開光，開光時也務必要有正確的刻儀和儀軌，把神請進去，家運自然會提升，若神像未開光容易招陰。

通常我們每天拜拜，煙燻久了，神主牌上的字會霧霧的且容易褪色，古人說神主牌上祖先的字若退色、模糊，有退神的作用，可能

會讓祖先住不進去，等於假拜、空拜，也代表整個家庭，尤其是男生顏面無光、事業難做，影響家運、貴人運；可請至佛具店將神主牌補上顏色，或是適度清潔神主牌。

✦ 神桌的「位階擺設」✦

1. 尊右卑左，中間最大

佛桌的位階大小可是輕忽不得的地方，神明的位置一定不可以擺錯，通常中間會擺放位階最大的神明，右邊次大，左邊最小。

2. 底座、高度同高

盡量要使神明們的底座、高度求平，假設其中一座神明的帽子高高在上，而官帽代表官階，容易造成事業不順；如果要互相尊重，可在清屯日將另兩尊神像的底座墊高，使其持平。而如果祖先牌擺得太前面易導致家中後代子孫較懶散，凡事無所謂地過活，因此也要平衡擺放。

3. 佛燈時常開

神明廳內一定要有燈，代表佛光普照，而神明燈必須時常開著，

如果沒開會導致前途、事業黯淡。基本上佛燈不能大於或高於神明，佛燈若比神明高，代表不敬，搶了神明的光彩，難以維護家運。

4. 神像上方不可擺放人像

神像上面不可擺放人像、照片，否則代表不尊敬神明。此外，若想將未開光的神像擺放家中，宜拿圓形紅紙，用糯米黏在神像後面，以避免招陰氣。

神桌擺放很重要，很多時候我們常忽略許多小細節而誤觸禁忌，只要避免上述禁忌，家運自然就會提升，神明也會有保佑。

風水！不求人

神主牌清潔方式

關於神主牌的清潔，要講求日期，必須選在農曆 12 月 24 日，也就是清屯日才能進行，進行的步驟如下：

1. 上香告知祖先將進行清潔動作。
2. 擲連續三個聖杯徵求祖先意願。
3. 清理神主牌，並將神主牌放回原位上好香。

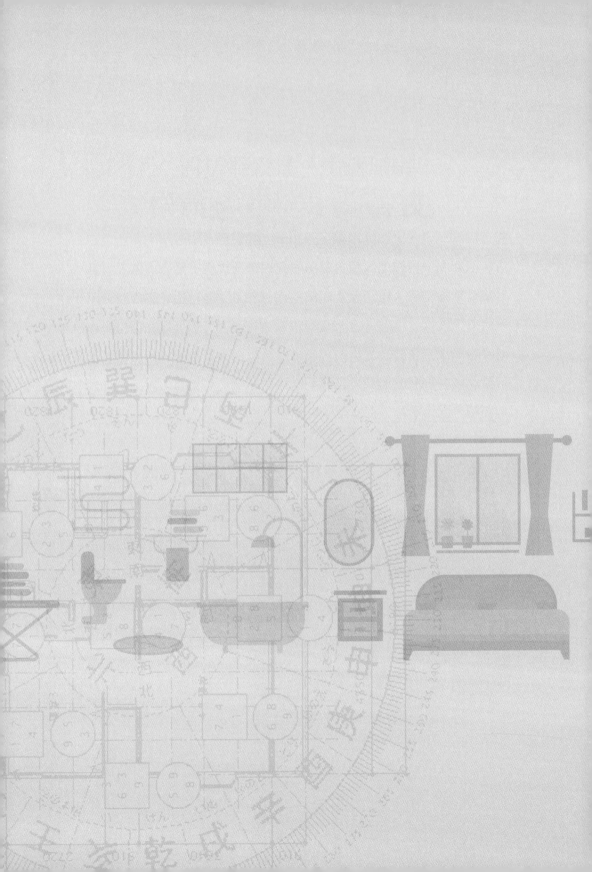

Chapter 4
職場好擺設，升官發財貴人到

為大公司企業主、小資男女、開店老闆、新一代創業族群

分別解析各個所屬職場的擺設風水，

除了環境格局的挑選，也可以利用物品的擺設原則，

創造出最適合自己的職場風水。

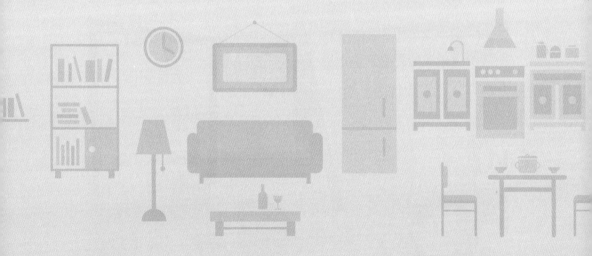

營收滿滿的公司擺設

身為公司老闆，有許多問題需要面對，需要檢視公司的營運狀況、要訂下未來的目標、要妥善照顧員工，這些除了經營者本身必須具備有良好的能力，在辦公室的擺設上也會產生息息相關的能量。營造一個好的工作環境，絕對是有助於提高員工產能，進而提升業績表現。

試著想像一下，如果辦公室內部的擺設狹小凌亂，從風水的角度來說，就會難以聚氣，無論是人氣或是財氣都難以留住；從心理學來談，狹小的環境會讓員工備感壓力，自然工作表現就不會好。所以，想要讓公司事業蒸蒸日上、營收滾滾而來，辦公室的擺設絕對不能馬虎！

✤ 打破格局限制，迎財神 ✤

對大多數老闆來說，辦公室空間都是承租而來，因此只能屈就現有的格局，但是這並不代表我們就不能有所改變，只要透過一些輕

隔間、隔板或是座位的安排，就能夠創造好的風水。

接下來就從幾個大多數辦公室通用的風水格局來探討：

1. 玄關寬廣大方

大門跟玄關是公司的門面，其實也是給人的第一印象。有些辦公室本身的格局是沒有玄關的，一進門就是辦公空間，但這樣的格局會造成公司人員流動率大、也無法聚集財運，建議可以用屏風、矮櫃隔出一個約三至五公尺的空間，再擺放沙發、茶几等，提供客戶

▲在進入辦公室前，可擺放簡單的桌子當作玄關。

休憩的場所，如此就能更明確地營造出玄關的空間感，不但可以提升公司的質感，也能夠吸納財氣。

2. 格局力求工整

一般而言，屋子的格局以四方形為佳，因此，若正在考慮尋找新的辦公室，最好能夠找到格局方正的，但如果並沒有要搬遷的打算，而辦公室也不夠工整，則可以試著用隔板將室內的格局盡量圍成方正的空間；也可

▲沒有玄關的辦公室，會影響員工流動率。

以在缺角處擺放鏡子，一方面在視覺創造更寬敞的空間感，另一方面也能夠避掉格局缺角的問題。不過，鏡子不宜過多，且不可緊鄰員工的位子，否則會讓員工彼此容易出現嫌隙或是容易分心。

3. 穩定公司財位

大門對角線的角落，就是公司的財位。財位可以由公司老闆親自坐鎮，或是當作財務長的辦公室，也適合擺放公司的金庫。所以，如果現在辦公室的財位是一般員工座位、茶水間等等，可能需要重新調整，因為整個公司的財位經營，就代表整個公司財運的走向。

4. 座位依序安排

員工座位的編排，也可以在既有的格局底下做出調整。有些公司老闆希望採用開明的領導模式，而覺得員工座位不一定要從職位的小到大依序排列，不過其實員工座位的編排，不只可以反應公事逐層呈報的流程，也會影響主管、員工的氣場脈絡。

一般來說，從公司門口到內部，就應該是由資歷、職務最低者一路遞增的方式來安排座位。如果讓職務較低者坐在職務高者的後面，則會讓職務低的氣勢過高，而造成兩人之間溝通上的摩擦。另外，主管座位的桌子、隔間最好能夠高於下屬，這並不是舊時代封建階級的思維，而是從擺設上確立員工的主從關係。

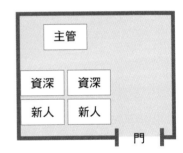

▲從門口到內部的辦公室座位，應從職務低至高者依序安排。

✤ 透過擺設，業務蒸蒸日上 ✤

透過隔間、座位編排，是確立公司風水的第一步，目的主要是防患未然，降低既有格居的缺點。下一步，則是要主動出擊，透過物品的擺設，主動吸納財氣。

1. 大門口迎財運

　　前一段談到格局的時候，提到了大門就是公司的門面，大門最基本的原則是隨時要保持明亮、乾淨。大門對著樓梯或電梯的狀況，相信這在許多辦公大樓裡面很常出現，然而這是一個漏財的象徵，倘若大門對著向下樓梯，財運就會順著樓梯往下流走；而電梯則是常常上上下下、一開一合，會擾亂公司固有的氣場。這時候最好能在門的上方放置凸面鏡，或是紅布條，破除漏財。

　　除此之外，大門口的擺設可以有三個要點「開門見水」、「開門見綠」、「開門見喜」。

・開門見水

　　「山主人丁，水主財」，水象徵著財富，因此在大門口、玄關處

▲可在大門口擺放闊葉植物和喜氣的裝飾字畫。

可以擺放魚缸、流水，切記水流的位置要由外朝內，而且水一定要持續流動，並且水質保持乾淨，就能夠收到納財的效果。

・開門見綠

　　生機盎然的植物也代表了公司的生意興隆，植物盆栽的種類最好選擇闊葉的長青植物，例如棕櫚，觀賞價值高，同時也有生財、護財的效果；或是諧音「吉」的桔樹，除了象徵吉祥順利之外，其果實金紅飽滿，也是有生財的意涵。切記，不要擺放小葉子、藤蔓類的植物，因為它們會阻擋室內氣場的流動；除此之外，也不要擺設假花假草，以免財氣會如過往雲煙般消失無蹤。要注意的是，放置的植物需悉心照料，如果有枯萎的情況，應該盡快修剪或是汰換，否則枯枝落葉會影響公司的氣場，暗示運勢下滑。

・開門見喜

　　一進門來最好能夠有些有喜氣、紅色系的擺設，無論是裝飾、字畫等等，能夠改善上班員工或是來訪賓客的心情，進而提升員工的工作表現，以及訪客的印象。

2. 公司財位經營

　　在公司的財位（大門對角線角落）除了是設置財庫、老闆辦公室

的地方，也是透過擺設增進財運的所在。財位可以擺放的物品繁多，有許多能招財納財的擺飾，例如貔貅、三腳金蟾等等。

貔貅原本是能夠鎮宅避煞的神獸，能夠改走晦氣，而同時貔貅也有聚財、旺財的效果，因此就辦公室而言，貔貅是非常適合的擺設，因為不但能夠招財，也能夠穩定公司的發展。現在市售的貔貅有許多不同材質，一般而言，白玉翡翠的催財效果最佳，同時也要先開光，才具有功用。然而在擺放時，要記得讓貔貅的頭朝向大門口，象徵著能夠將財運從大門迎接進來。

嘴銜銅錢、腳踩金元寶的金蟾也是相當適合公司擺放的招財物，金蟾的效果是會吐錢，因此擺放的方向跟貔貅有所不同，需要將頭朝向室內，如果讓頭朝著大門或是窗戶，則會把公司的財運往外吐出。

▲三腳金蟾是很適合擺放在公司裡的招財物。

✤ 老闆辦公室，加分秘笈 ✤

老闆是公司的領導人物，老闆辦公室的風水更影響了整間公司的

運勢。以下分幾點來檢視。

1. 空間大小

　　首先從辦公室的大小來談，老闆辦公室應佔整間辦公室的四分之一，一般是 15 ～ 30 平方米左右，過小的辦公室不但在心理學上會讓人有些壓迫感，進而影響工作，在風水學上來說也會讓氣場流動不易；然而，空間也並非愈大愈好，因為過大的辦公室除了會讓人心中容易感覺空虛、無所依靠，在風水上也會造成氣場不容易凝聚。

2. 辦公桌

　　辦公桌的後方要有所依靠，同時不要直接正對門口，而是以斜對為佳。辦公桌下方切忌見空，千萬不能讓別人直接看到老闆的腳。就心理學的角度來說，腳會很忠實地反映一個人的心理狀況，無論是焦慮、緊張、開心或是慍怒，從雙腳的動作、放置的情況就能夠略窺一二，比方說緊張時，雙腳會不自主地一直更換姿勢，但身為公司的領導人，不應讓自己的心理狀況直接曝光；而就風水學來說，辦公桌下見空是漏財的象徵，就像下方的基座不夠穩固妥善。

　　另外，辦公桌椅的選擇要比一般員工大、高。身為公司領導人，還是需要經營出自己的氣勢，才有辦法能夠帶領公司前進。

3. 財位

　　老闆辦公室是一個獨立的空間，因此也會有獨立的財位，有些人只記得經營了大辦公室的財位，而忽略了老闆辦公室。財位的經營方式跟上述的段落雷同，不過，因為大多老闆辦公室都會選擇採光良好的角落，因此財位很有可能就會在窗邊，這時候可以選擇把部分的窗戶封起來或是使用不透光的窗簾。

風水！不求人

水晶強運法

除了財位之外，老闆的辦公桌上也可以擺放水晶球，增強個人的氣場及運勢。而不同水晶也有不同的效果，可參考表格來選擇所需要的水晶。

水晶顏色	效果
藍晶	增智慧 ※ 適合夏天生的人。
紫水晶	增智慧 ※ 適合冬天生的人。
綠水晶	增正財運
黃水晶	增偏財運
粉晶	增桃花運

升官發財的辦公桌擺設

身為小資一族，想要在公司順利升官、財源滾滾，一定要鎖定這一章節提到的辦公桌好風水擺設。作為一個公司職員，辦公桌是每天都會久待的場所，往往都會待個 8、9 個小時，甚至有些常加班的人更會待到 12 個小時以上，所以這個你會朝夕相處的空間絕對需要好好安排，透過辦公桌上擺設的巧思，就可以營造出好的財運、工作運。

✦ 辦公座位風水指南 ✦

1. 桌面乾淨

　　首先辦公桌的桌面一定要保持乾淨，雖然有人會認為辦公桌是私人的空間，凌亂或整齊是個人的自由。但從心理學來說，整齊的桌面能夠給工作者比較愉快的心情，同時也會讓老闆、主管認為你做事有條有理、井然有序，自然就比較容易得到信任；而從風水學來說，凌亂的桌子或是空間，都比較難以聚氣，氣不聚，運也難起。

同樣的邏輯也是可以延伸到電腦桌面，盡量讓電腦桌布是乾淨的，不要讓檔案塞滿整個桌面。同時，因為電腦都是擺在辦公桌相對位置的前方，在風水上代表著「未來」的走向，所以在電腦桌布的選用上，最好能夠用一些對於未來比較有展望性的圖片，比方茂密的森林、大自然欣欣向榮的圖片，都可以提升你的事業運，但切記，風景圖一定要避免枯枝、寒冬的圖片，因為這代表了你的未來容易枯竭。

2. 避免堆放雜物

此外，不只是桌面要乾淨，座位周遭也最好都保持整潔、避免堆放雜物。除了較容易凝聚氣場之外，座位的周遭、走道是貴人造訪的路線，也是跟其他同事交流的管道。因此，保持整潔不只能夠迎來工作上的貴人，同時也可以跟其他同事有良好的溝通、合作，自然而然工作運以及財運就會上升。

▲座位周邊避免堆放雜物，會影響工作貴人運。

✦ 辦公用品擺設指南 ✦

關於一般辦公用品的擺設也有些風水原則，比方電腦、電話、資料夾等等，這些物品的放置位置可會大大影響到個人工作運勢。第一章提到「左青龍，右白虎；龍動虎靜；龍怕臭，虎怕動。」從風水來說，任何東西都有分龍邊（左邊）跟虎邊（右邊），辦公桌也是如此。因此，大前提就是動態的東西盡量往左邊收納，偏向靜態的東西則是往右邊擺放。按照這個邏輯，電話、電腦主機、喇叭這種是比較動態的物品，會建議放在桌子的左側，而像文件這種比較靜態的物品，則會建議放置在桌子的右側。

以下提供三個辦公桌上最常見的用具風水建議：

1. 桌燈

光亮的桌燈建議放置在桌子的龍邊。從科學的角度來說，從左側來的光比較不會被慣用手（右手）遮擋到，因此照明的效果比較好，也較不會對視力產生影響。而從風水學的角度來解釋，要做到「龍動虎靜」以及「龍明虎暗」，就可以透過光線將座位營造成一個氣場光明、落落大方的局勢。

2. 資料夾

依據左高右低原則，龍邊也代表了水，而水也代表了財，當我們把辦公桌的擺設營造出左高右低時，也象徵著財水往低處（辦公桌內）流進來，自然運勢也會比較好。而且如果剛好龍邊恰逢走道，左高右低的擺設，也能吸納貴人相助，在升官運上就會提升。因此，在左手邊可以放置較高的資料夾，不但營造出龍高虎低的布局，同時也能創造工作能力強的象徵。

3. 文具類

可以放在右邊或是收納在抽屜內，如果放在桌上的話，最好讓筆筒內的筆都是一樣的高度，避免參差不齊，讓人心神不寧。另外，桌面的刀具（美工刀、剪刀等）都應該封口收好，或是收納到抽屜中，若沒有收納好，則會斷了好的機會與運勢。

▲辦公桌擺設應以「左高右低」「左動態、右靜態」為原則。

✛ 化解常見沖煞＆必學招財擺設 ✛

在確定好一般辦公用品的擺設之後，還要先檢查個人辦公桌上兩個很常見的煞氣：

1. 樑壓辦公桌

如果你的位子剛好位在屋樑的下方，除了會影響到健康以外，也象徵著不斷有股無形壓力壓著你，這時可以在樑的兩側擺放麒麟踩八卦來化解，若想要走西式一點也可以改擺白水晶柱，就能夠避免。

2. 椅背無後靠

椅背無後靠則會讓人坐不安穩，影響到工作表現，化解的方式也相當簡單，可以準備五帝錢掛在椅背後方或是貼在椅子下方；如果不想太明顯地擺放五帝錢，也可以把它藏到靠枕內靠在腰後，這幾個方式都能增加自己的氣場，化解背後無依無靠的情況。

在解決沖煞之後，接著就是讓座位財運加分的擺設了。最重要的是所有的招財擺設都一定要適度、適量，因為太多的擺設，而讓桌面擁擠或是影響到工作進行，就本末倒置了。

1. 風扇流水

　　風扇跟流水都是代表「流動」的物品，能夠幫助辦公桌的氣場流動，而不會只像是一灘死水一樣。擺放的方向，就是按照「龍高虎低」的原則，因此，風扇跟流水都應該放在龍邊，然後水流或是風吹的方向，則是從左往右；水流或是風吹的方向反了，則會把個人的財運往外推走，所以千萬別放錯囉！如果是放置流水，也要記得讓水持續流動，同時也要保持水質乾淨清潔。除了流水盆、風扇之外，也可以擺放像時鐘一類，象徵「轉動」的物品，都能夠收到推動桌面氣場的效果。

2. 小型盆栽

　　現在不少上班族都會在桌上擺設簡單的小盆栽，在盆栽選擇上，建議還是以葉子大的常綠植物為主，主要是能夠象徵欣欣向榮，而且從科學角度上來說，植物可以行光合作用、製造氧氣，也可以讓工作時的腦筋更靈活。而爬藤類植物則象徵著小人纏身，最好避免。仙人掌則是有防小人的作用，但如果要放置，最好放在電腦螢幕後，不然可能會有工作坎坷的疑慮。一般而言，小型盆栽是放在屬水的龍

▲桌面上可擺設簡單的小盆栽。

邊。不過，因為盆栽也有擋煞的效果，如果你的座位走道剛好在右側（虎怕動），則可以把盆栽改放到右邊，化解虎邊開口的煞。

3. 激勵物品

許多小資男女會在辦公桌上放偶像藝人的照片，但其實更應該放的是對工作有啟發性的人物照片或是自傳等，因為潛移默化當中，就會想要效法他，自然在工作上會更有動力。比方說如果是投資相關的產業，可以放股神巴菲特的自傳，或是他的名言語錄，隨時提醒自己向他學習。而如果你覺得心目中並沒有你很想學習的人物，也可以改放自己的證書，也能砥礪自己不斷進步。

4. 五色錢

如果想要增加財運，可以在桌上擺放五色錢。五色錢是利用不同顏色的紙鈔，象徵五行相生，而達到納財、強運的效果。以順時針

▲在辦公桌上布置自己偶像的海報、照片，工作起來會更有動力。

方向擺放兩百、一百、五百、一千、中間置放五十元硬幣。這些錢鈔就是剛好象徵了五行：一千元（藍色）代表水、五百元（咖啡色）代表土、兩百元（綠色）代表木、一百元（紅色）代表火、五十元硬幣（金色）代表金。

	200 元	
1000 元	50 元	100 元
	500 元	

✤ 五行職業開運物 ✤

除了上述四種物品是所有人都可以參考的之外，不同的職業屬性也可以有不同的開運物來幫助你招財。金融業以及科技業屬「金」，桌上可以擺放銅雕、金屬飾品，如果要西式一些，則可以擺放不鏽鋼器品，比方名片盤。

1. 教育、出版產業

這些與紙張相關的產業則是屬「木」，擺放盆栽就比起其他行業更為適合，除此之外，也可以考慮放置木雕或是木製的藝術品，都能夠提升事業運。

2. 業務、記者

這些常常需要跑動的職務則是屬「水」，在擺設物的選擇上可以

擺放魚缸、流水或是白色飾品，例如桌巾、椅套，都能夠讓跑業務、跑新聞的時候更加如魚得水。

3. 美妝、藝術類

這些藝術美學類的產業則是屬「火」，可以擺放雞血石、紅色飾品或是鹽燈，都有助於火行的職業能夠更旺，更能展現出自己對事業的熱情。

4. 房地產、建築業

這些產業屬「土」，可以擺放陶藝品或是石頭，都有讓事業加分、財運亨通的效果。不過因為石頭屬陰，因此放置的數量也不宜過多。

五行職業辦公桌開運擺設		
五行	職業	開運物
金	金融、科技	銅雕、金屬家具
木	教育、出版	盆栽、木製品
水	業務、記者	魚缸、白色飾品
火	美妝、藝術	雞血石、紅色飾品
土	建築、房地產	陶藝品

生意興隆的店面擺設

明明兩間類似的店開在隔壁，為什麼一間總是生意興隆，一間卻是門可羅雀？或是明明是加盟連鎖店，為什麼其他分店就是獲利不斷，其中一間總是虧損連連？當然，開店該做的功課有很多，要選到有人潮的地段、要讓產品有特色、要維持一定的品質、要有好的服務態度，但是除此之外，如果能再加上一些些擺設的用心，透過風水幫店面加分，也許就能成功讓店面財運滾滾來。

✦ 店面化煞看這裡 ✦

做生意要賺大錢之前，第一步得要先幫店面做個簡單的健檢，先檢查你的店面有沒有常見的沖煞，千萬不要小看它們，因為很有可能就是這些煞氣，讓你還沒開始賺錢就已經漏財，或是連基本的員工相處都出現問題，更不用談想要生意興隆了！

1. 門對柱：員工不和諧

店面大門前方有柱子、路燈，或是正對著馬路對面其他建築物的柱子，會造成店內員工的不和諧，比方員工容易發生口角、或是員

工流動率高，也容易會出
現口舌是非，甚至惹上官
司，而這些都會影響到店
家的經營、發展。最直接
的方式，就是在店門上放
置山海鎮來化解。

▲店門口有柱子、路燈等遮擋物，
　容易影響經營發展。

山海鎮是用於鎮宅、化煞以及轉禍為祥的寶物。如果店家內的氛圍不適合放置山海鎮，則可以在店門口的外明堂（大門外的區域）擺設大約 160 公分高的盆栽，來阻隔煞氣，或是擺放能讓顧客稍作休息的座椅；或者，也可以選擇在店內玄關或櫃檯放置一對銅麒麟，也能夠化解煞氣喔！

銅麒麟本身是吉祥的代表，也是相當有正氣的靈獸，風水上有鎮宅避邪的作用，能夠化解許多煞氣，也能擋去晦氣。而同時，銅麒麟也有催財升官的效果，放置於店家內能讓生意滾滾而來。注意，擺放時都是成對擺放，而且要開光才有效。

2. 牽鼻水：漏財大忌

如果店家開在二樓或是地下室，店門口正對著樓梯，就形成牽鼻水的格局，如果是朝著向下的樓梯，代表著轉進來的財富一下就往

外流逝；如果是朝著向上的樓梯，則是象徵著賺錢步步艱辛，好像要不斷爬樓梯才能賺錢一樣。最好的方式，是調整大門的方向，能一勞永逸解決問題。若無法更改格局，則可以在室內門楣上方放置五帝錢或山海鎮，也能達到化解牽鼻水的效果。

五帝錢指的是順治、康熙、雍正、乾隆、嘉慶這五位皇帝的銅錢，由於銅錢性剛，本身就有吸收氣場作用，銅錢的形狀又是外圓內方，外圓代表天，內方代表地，象徵著扭轉乾坤的力量，因此五帝錢常作為化煞、避邪之用；除此之外，因為它本身就是銅錢，更能招財旺財，所以在幫助店面化煞的同時，可以招納更多財運。

3. 穿堂風：漏財

不少餐廳會在櫃檯後方設置能夠送單或送餐的窗口，如果這個窗口正對大門，讓顧客從大門就能夠一眼望穿廚房、冰箱甚至能看到後門，這就是「穿堂風」，在風水學上是漏財的象徵。就如同從大門迎來的錢財直接流走，或是店內員工、股東因為錢財而爭吵。要化解穿堂煞，可以用屏風或是簾子做簡單的阻隔，就能夠避免漏財。

4. 開門見灶：漏財

現在許多餐廳可能為了追求美觀或時尚，可能會採用半開放式，甚至是開放式的廚房，但這其實在風水上並不是太好的格局，因為

開門見灶是非常明顯的漏財象徵，或是代表「財庫」的冰箱一直被別人窺伺，結果就容易造成賺來的錢很快流失。因此如果尚未開店，建議可以思考一下廚房的設置，但如果無法改變裝潢，則還是會建議用門簾或是屏風阻隔外人的視線。

5. 廁居中：漏財、員工身體健康危機

在一些比較長型的店面，可能原本房子的格局就是廁所剛好在店面中段，或是希望把一般座位區與包廂區做區隔，而將廁所設置在中間。但由於房子中段本身就是格外陰暗的地方，如果廁所又剛好在此，則會讓穢氣加重、難以排出，會直接影響整間店的財運，同時也會讓員工、老闆的身體狀況變差。建議的化解方式是在廁所內擺放土種黃金葛以及投射燈，破除穢氣；或是可以在廁所外的牆上掛蓮花或荷花的圖片，取其「出淤泥而不染」以及「清淨」的含義，來化解廁所累積的穢氣。

6. 壓樑：人員易流動

在員工休息空間如果上方有樑，或是餐飲業有通風管，在心理學上都容易讓人備感壓力，而就風水學來說，則是讓員工不容易久待、流動率高。化解方法，就是在樑或是通風管兩側擺放銅麒麟，如果不方便擺放，則可以掛上十相自在圖。十相自在，分別為壽命自在、

心自在、願自在、業自在、受生自在、資具自在、解自在、神力自在、法自在、智自在，是能夠帶來好運、破除各種煞氣、厄運的圖騰。

✦ 店面招財小撇步 ✦

接著要提供一些店內招財的擺設建議，有些是風水學中的寶物，可透過寶物本身的能量達到招財的效果，而有些則是一般日常生活的物品，只要加一些巧思跟搭配，也能夠達到迎來財運的效果。

1. 風鈴

如果想招攬生意，可在大門擺放風鈴，最好選擇會發出不同聲音的長風鈴。風鈴聲就如同錢幣、元寶彼此敲擊的聲音，象徵廣納錢財；由於風鈴並不是只有單一的聲音，而是有高有低的「音韻」，也能夠為店家帶來「好運」。此外，在心理學上也能夠提升進門顧客的好感。

2. 紅地毯

店門口放地毯，不只是讓顧客可以稍微清理鞋子上的灰塵，同時紅色的地毯，也能夠

▲在店門口擺放紅地毯能帶來好運勢。

讓顧客有「貴客走紅毯」、賓至如歸的感覺，自然就會有吸納客人上門的效果。除此之外，對於店家來說放在門口的紅色地毯也象徵「鴻運當頭」，讓店家的運勢節節高昇。

3. 鏡子

在室內設計當中，鏡子往往都會被拿來當作延伸室內空間的利器。而在店內擺放鏡子，可以讓顧客數量看起來更多，更容易吸引到過路客，同時也能增加翻桌率。不過，在擺放鏡子時，有幾點必須要特別注意：

- 避免讓鏡子直接對大門，以免把從大門而來的財運反射出去。
- 避免將鏡子擺在財位，否則會讓財運消散。
- 若是從事餐飲業，鏡子也要避免直接對著廚房門口，會影響員工的健康。

4. 流水盆

風水學上會說「財水」，除了形容財就像水一樣流動之外，也是有水能生財的意思。開店最重要的就是需要人潮、錢潮滾滾而來，而石來運轉流水盆就是最適合的擺設之一，源源不絕的水象徵著源源不絕的財運。其中，必須注意中間石頭的轉動方向要向內轉，象

徵著把從外而來的財運向內轉入。擺放的位置，則可以擺在店內的財位或是櫃檯、收銀機的地方。

此外，也可以在店內財位或是櫃檯後方角落擺放魚缸，不一定要真的養魚，但是記得要讓它是活水的狀態，若是死水反而會聚集不好的氣場。

5. 彌勒佛

彌勒佛是非常有福氣的神明，有分兩種，一種是坐臥的，另一種是揹著布袋。坐臥的彌勒佛一般是鎮煞使用；而揹著布袋的彌勒佛則是有招財納福的作用，擺放時可以順著門口的方向，象徵著把外面的財富帶進店內。

▲彌勒佛是店內常用的招財象徵。

6. 水晶洞

水晶是富含能量的礦石，能夠改變店內的氣場，而水晶洞本身是洞穴的形狀，有象徵著聚齊財氣的效果。常見許多店面擺放在大門口的位置，其實並非正確，最好是以財位或是櫃檯後方為佳。

▲水晶洞通常擺放在財位上，促進財運。

風水！不求人

奧客退散小祕訣

工作時常遇到會刁難的奧客嗎？老是因為處理不當而被客訴嗎？如果老是覺得工作運勢一直不順，可試試用下列的方法化解。

❀ 以男左女右為原則，小拇指的指甲需要留長至高過無名指第二節。如果一直無法留長，也可以貼假指甲。若不喜歡留指甲，則可在無名指上塗紅色指甲油。

❀ 小拇指戴戒指，可預防小人，更可將手指間的縫隙補起來，防止漏財。

❀ 用金紙剪一個人型，畫上眼睛、鼻子，但是不能畫嘴，並寫上「小人遠離」，用石頭或重物壓著。

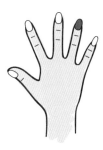

 生意興隆店面祕法，人客跟著來

案源不絕的工作室擺設

現在愈來愈多人會選擇在家中接案，或是微型創業，不用看老闆臉色，自己當起 soho 族。然而，在寸土寸金的都會區，通常所在的空間並不會很大，如果想同時擁有住宅和辦公室，當然就要注重規劃，尤其在風水擺設上的布置可不能少。這節就讓我們來看看如何規劃一個住家平安、工作有財的風水布局。

✛ 工作室格局 ✛

工作室是需要動腦筋的地方，但是因為常常與住家合一，因此，住家與辦公室的格局重點同時都要注意。如果在風水上出現危機，使得工作室主人不知不覺流失金錢，或是發生原本沒預料到，以及不想要產生的支出，那麼逐日累積起來，自然無法增進財富。所以在格局上，一定要注意以下兩點：

1. 獨立的工作空間

如果要在家接案，首先建議最好能在住家當中另外隔出一個獨立的空間，或是用原本閒置的房間作為工作室，盡可能不要讓臥室與

工作室的空間混合，公私不分不但會影響到工作的效率，也會影響到生活的品質；此外，也會讓住家的氣場與工作的氣場彼此干擾，而比較難有相輔相成的效果。

2. 避免使用玻璃窗

如果是在夾層屋或閣樓設置工作室，要注意避免使用玻璃窗，以免感覺整個房間像是懸空，等同於後無靠。最好的方法就是加上木板阻隔窗戶，或者掛上不透光的簾子。

▲工作座位的後方最好避免有玻璃窗。

✤ 工作室財位經營寶典 ✤

而在有了獨立的工作室之後，更重要的就是透過風水的加持，讓你接案不絕、客戶不斷。有些人的工作室是在家中另外隔出屬於工作的空間，而這個空間也應該有專屬於它的財位。因此，除了家中財位要顧到之外，工作室的財位也要好好布置，才能招來更多的案子、生意。而提到財位的布置，除了先前提到的幾個要點，在工作室當中還有一些加分的擺設，能夠讓你案源不絕喔！

1. 神獸寶物

有許多招財納福的寶物、神獸是適合擺在財位的,但要注意,這些寶物或神獸並不是放愈多愈好,因為財位還是要保持整齊、不擁擠,若擺放太多反而不一定會有加乘的效果。

・麒麟踩元寶:麒麟本身也是相當具有福氣的神獸,而踩著不同的寶物也會有不同的效果,比方踩著八卦的麒麟,主要是以鎮宅、鎮煞為主要功用;而踩著元寶的麒麟則是象徵富貴,擺放時與貔貅雷同,要成對擺放,同時也是向著門口。

・三腳蟾蜍:嘴巴含著銅錢的蟾蜍能夠口吐金錢,擺放時要頭向內擺,象徵著把財運帶進來;若是嘴巴沒有含著銅錢的蟾蜍,則擺放時頭要向著門口,象徵把外面的財富咬進來。

・龍龜:龍龜為「龍生九子」之一,自古用於鎮宅、安家之用,同時又有著龜「長壽」、「祥和」以及龍「招貴人」、「納財」的效用,因此也相當適合擺放在工作室財位迎財,擺放時同樣將頭朝向門口,迎來外界的財運。

▲龍龜適合擺在工作室的財位。

・茶壺:壺本身諧音「福」,代表著福氣,單純放置在家中就有納

福的效果，如果在其中放置 168 元（3 個
50 元硬幣，18 個 1 元硬幣）再過天爐三
圈，就能夠擺放在財位，象徵著有福又有
財。不過茶壺的選擇上，建議是陶製的，
代表「土金相生」；或是金屬製的，代表
「金金相生」。切記，不能使用透明或是
塑膠製的茶壺，否則會失去能量。同時，
最好能用紅線連結茶壺蓋以及壺身，能夠
加強茶壺本身的福氣。

▲擺放陶製的茶壺，
能夠納進福氣。

2. 世界地圖

世界地圖象徵著展望世界的無限可能，
在工作室內擺放大幅的世界地圖，在心理
學上可以讓人的心情更加放鬆，從風水學

▲牆上掛世界地圖
能替未來前途帶來好運勢。

來看，也代表著對於未來有著更開闊的遠景，就好像要邁進世界各
地接案、簽約一樣。

3. 深色桌墊

黑色以及藍色在五行當中屬水，而水也代表了財富，因此使用黑
色的桌墊有著創造財富的隱喻。此外，黑色的桌墊也能夠讓工作者

的心情更加沈穩，尤其在家中的工作室裡，就更能夠集中精神、專注工作。

4. 生財工具

建議在工作桌的左後方可以放置生財工具，比方說：如果是文字工作者，則可以在左後方擺設五斗櫃，放置書本、文房四寶等等；若是程式設計師，則可擺放一些專業的程式書籍、相關證書；若是美術設計，則可以放自己過去的作品集、國際大師的作品，或是畫筆、顏料等。放置這些物品，象徵著你在工作時能更加得心應手、同時得到所有生財工具的全力支持。

5. 招財植物

如果空間許可，在工作室內也可以放置能夠招財的盆栽，例如松樹、柏樹、金桔、開運竹等等，擺放位置可以放在工作桌前方，除了能夠收到迎財的效果之外，若剛好桌對門，或是窗外有外煞，同時也能夠有擋煞的效果喔。

6. 聚寶盆

聚寶盆除了可以放在財位，也可放在工作桌右下方的櫃子中，代表著承接工作賺來的財富，同時迎來更多財運。不過放置時要注意，不能從桌前看到聚寶盆，否則會形同財庫被人看光的漏財局勢。

風水！不求人

工作室接案不斷秘訣

有了各種擺設的加持之後，還有一個小秘訣，能夠讓你接案接不停、簽約簽到手軟──就是找到一隻對的簽約筆！如果這隻筆拿起來就不順手，或是總是無法順利成功跟客戶簽約，這時可能不是你的問題，而是應該換一隻筆。那什麼才是對的筆呢？下面幾種方式提供你參考：

1. **較高級的筆：** 一般而言，高級、有品牌的筆效果會比較好，因為一旦拿出高級的原子筆、鋼筆，在心理學上客戶更加尊重你，而在風水學上也象徵著貴氣、財氣，能夠吸引財運上門。

2. **向有地位的人請筆：** 如果身邊剛好有比較有身份地位的人士，可以向對方請一隻筆，如此便能夠將對方的好運借過來，增加簽約的成功率。

3. **過火加持：** 找到適合的簽約筆之後，還可以再透過過火加強效力，只要在初一十五時拿著筆去繞香爐三圈，再綁上紅線，放入紅包袋中，就能夠讓簽約筆受到加持。不過要記得，把筆放入紅包袋之後，千萬不可拿出來把玩，一定要等到簽約時才能使用。

Chapter 5
提升運勢的風水祕笈

運用風水上適宜的物品、避開相剋的物品，
創造自己的好運氣，也能利用一些風水妙法
讓好運氣加乘、壞運都走開。

風水寶物，化煞招好運

為求改善風水、增進運勢，有時必須更改格局、化解沖煞，但是如果工程太過浩大、所費不貲，其實也能善用風水擺飾，為居住者帶來化解煞氣、招財納福的效果。這些寶物可不能塞滿整屋，亂擺一通，倘若想要趨吉避凶，絕對不是花大錢買一些不實用的擺設，如此只會使家運每況愈下！這個章節將帶大家一起來了解各種改變風水磁場的寶物。

✤ 一、麒麟 ✤

麒麟為古代神獸，象徵祥瑞，公獸為麒，母獸為麟，據說能活兩千年。性情溫和，身上雖有可攻擊敵人的武器，但不傷人畜，不踐踏昆蟲花草，故稱為仁獸，具有嫉惡如仇、迎福保安的意象，因其威力故可化解三種煞，包含火煞、土煞和樑煞。是故在

▲麒麟能化解眾多居家煞氣。

居家中遇到的眾多煞氣，皆可藉由麒麟來化解，例如：

1. **橫樑壓灶**：宜在二側懸掛麒麟踩八卦。

2. **穿心煞**：橫樑貫穿屋內，宜在二側懸掛銅麒麟。

3. **爐灶背宅反向**：宜掛銅麒麟。

4. **女主人運勢不佳**：可在客廳或廚房的虎邊擺放三隻銅麒麟來提升。

5. **居家龍高虎低（左高右低）**：宜擺上麒麟擺飾來化解。

✤ 二、貔貅 ✤

　　貔貅也是中國古代神話傳說中的一種神獸，龍頭、馬身、麟腳，形狀似獅子，本身意謂著鎮煞、避邪，同時也象徵著富貴之意。擺設時要特別注意，通常要擺設雌雄一對，面向門外或窗外，象徵咬錢回來；而這種神獸、財獸一定是擺在主人照片的前面，如果將神獸放在人後，等於是人被奴役，這不僅沒有加持，咬不到錢之外，反而是咬傷自己。此外，貔貅嘴中可以擺上真鈔，對於招財有加分的作用。

▲可在貔貅嘴裡擺上真鈔，增加財運。

✦ 三、山海鎮、乾坤太極圖 ✦

山海鎮是由瓦鎮與竹符結合在一起，乃是風水鎮宅、化煞吉祥之鎮宅寶物，是台灣常見的門楣辟邪物之一，在方形、圓形的木板上或鏡面上畫山、海圖案，並在兩側寫上「我家如山海、他作我無妨」。山海鎮作為辟邪物主要是藉助山、海的力量，來鎮制門前風水沖煞，宜朝屋外懸掛，可化解眾多屋外煞氣。

乾坤太極圖則是以山海鎮結合六道符咒，配合「姜太公在此」大法。適宜當作生意商家的山海鎮，不僅能化解各種煞氣，更能化煞為用，使生意興隆、財源廣進。

如果窗外前方建築物突出，成為小人探頭的煞氣，或是窗外前方能看見屋頂水塔（藥罐煞），甚至大門外的樓梯向下，都可使用山海鎮加以化解，翻轉化煞的功用。不過，選擇山海鎮務必記得要選擇環抱式的山型，藉以留住財水，並且山型應避免為石頭，應盡量為青翠的綠色。另外也要先將山海鎮至廟裡主爐過火三圈，再懸掛在避煞氣的地方，才具有制煞效果。

▲山海鎮是台灣常見的門楣辟邪物。

風水！不求人

乾坤太極圖 & 山海鎮的使用禁忌

❀ 山海鎮是以有形之相，化無形之煞，因此山海鎮上的群
　山圖像應該選擇看起來是青翠的模樣，露出的石頭不可
　過多。

❀ 若山海鎮開始褪色，表示擋了太多煞氣，法力漸漸失效，
　當時間日久破損時，記得要換新，才有持續鎮煞之作用。

❀ 乾坤太極圖和山海鎮具有移山倒海的功效，假若朝室內
　懸掛，會干擾屋內氣場，居住者容易生病，也會擾亂思
　緒，做出錯誤判斷。

✦ 四、九宮八卦牌 ✦

　　九宮八卦牌是密宗的吉祥物，更是陽宅風水中經常用到吉祥物品，牌上擁有密宗菩薩、五行八卦、生肖、九宮圖騰，此牌擁有密宗的神秘力量，是融合中國的易經智慧與道統數術組合而出的吉祥物。適合以懸掛的方式化解外煞，例如：

- **藥罐煞：**向外懸掛。

- **化解穿心煞：**在樑中心處放置九宮八卦牌。

- **灶後背門：**懸掛九宮八卦牌化解灶後背門，讓灶有靠山。

　　風水上常用的這些化解外煞的物品，如：乾坤太極圖、山海鎮、凸面鏡、九宮八卦牌，這些都是屬於反射煞氣類型的制煞物品，所以都應該面對屋外，不宜朝向室內。如果外牆無法懸掛，可以掛置於面對煞氣的陽台內部牆面或窗內，最重要的是一定要朝向屋外，以免化煞不成，產生反效果！

▲九宮八卦牌是陽宅常用到的吉祥物擺飾。

✤ 五、葫蘆 ✤

　　古代時，葫蘆多用作盛裝藥品的器具使用，藉此為意葫蘆能有化解病災的作用。如健康狀況需要改善，可準備有塞子的葫蘆，到主神是醫生方面的宮廟，如：神農宮或是保安宮，在祭拜神明時表明自己的姓名、住址以及身體健康問題，並祈求身體健康，之後將葫

蘆在主爐香爐上順時鐘繞三圈，求一些香灰放進葫蘆中，懸掛家中瓦斯爐上方，如此便能改善沖煞後的健康回復。

　　葫蘆肚大口小，且內盛藥物，故古代神仙們用它來收妖降魔，讓那些妖魔鬼怪能進不能出，並且用藥物來以毒攻毒，進而達到制伏妖魔鬼怪、恢復世間安寧的目的。因此，也就有了葫蘆在風水調理中鎮邪收煞的重要功用。例如：葫蘆內裝鹽巴、米、香灰至廟裡主爐過火三圈，以紅布包起掛在門窗上，可以避免爛桃花。如能找出本命桃花位，在其上懸掛葫蘆更具有化解桃花的效果。

▲在家中擺放葫蘆，有化解病災、爛桃花的功效。

✦ 六、五帝錢 ✦

　　清朝共十三位皇帝，運用最盛時期的為前五位皇帝，包含順治、康熙、雍正、乾隆、嘉慶五位皇帝的銅錢，即為五帝錢。之後的皇帝國運大不如前，故懸掛十帝錢，易導致家運逐漸衰退，不宜使用。使用方式如下：

- 門口掛五帝錢，可提升家運，化解口舌糾紛。
- 將五帝錢排成箭頭朝向家裡，以提升家運。
- 五帝錢懸掛樑柱旁，化解樑煞。
- 五帝錢懸掛門上可化解樓梯壓門。
- 房間上下樓層皆為廚房時，宜在床底鋪上黃布，
  並沿周邊黏 36 枚五帝錢化解。

▶ 五帝錢擺放在家中
  能化解煞氣並提升家運。

✤ 七、水晶 ✤

改善居家風水，就是在改善居家的磁場。水晶洞也有磁場，並且水晶的磁場比人體穩定、強大及純正，因此我們可以利用水晶的氣場改善原本房屋內不好的磁場，更能打散所有負面能量。水晶依照形狀大小的不同，可分為以下幾種：

1. 水晶球

水晶球有上下顛倒扭轉乾坤的力量，將水晶球帶至廟裡，過天爐繞三圈，告知姓名、住家地址，之後懸掛在房門上方，不被頭頂到的高度，此可化解品字門鬥口煞。在樑的兩側掛上水晶球，則可化解穿心煞、樑壓床的問題。

2. 水晶柱

櫃子壓門時，可在門旁擺放 10 ～ 15 公分以上的水晶柱，將櫃子頂起。如遇書桌背後有窗，易有小人時，可在兩邊擺放水晶柱增強氣場，增進工作運勢。如要增強人緣桃花，則可將紫水晶柱、粉紅水晶柱擺放在生肖的桃花位，如此可增強桃花、加強人際關係運勢。

3. 水晶洞

擺放在財位上，水晶洞如同財位的保險箱，如果要提升招財效果，可在洞內加上財神天珠、168 元錢幣（50 元硬幣兩枚、10 元硬幣六枚、5 元硬幣一枚、1 元硬幣三枚），將錢幣拿到財神廟過火三圈，接著放入水晶洞當中，就可以化為小的財神廟，亦可頂住樑柱煞氣，並有藏風納氣的作用。
每日將零錢放入水晶洞裡，在放滿後再將錢存入戶頭，可促動財運亨通。

▲水晶洞如同財位的保險箱。

風水! 不求人

五色水晶調和法

當屋內格局不佳時，例如：廚房過高，可準備一玻璃瓶，將五色水晶依照綠、紅、黃、白、紫的順序放入，再加水進去，並且剪一段黃金葛放入瓶中，完成後放在廚房流理台上，可借用水晶的力量，調和空間的五行。

✦ 八、八仙彩 ✦

節慶喜氣或新居落成時，常會懸掛八仙彩來增添喜氣祈求吉利，但是節慶之物必有其時效性，如果喜慶結束後繼續懸掛，將會積滿灰塵，除了對神明不敬，更有可能退神招陰，反而影響家運；因此，八仙彩最多懸掛一年就該拿下收起來。詹惟中老師建議找個黃道吉日，將八仙彩對折，找個紅布包起來，收入乾淨的櫃子中。

以上的風水法寶不建議大家在拍賣會，或者夜市購買，因為來路不明的風水法寶通常品質不好、甚至是假的開運吉祥物，若是品質

差，代表虛情假意，效用會減半，這邊來教教大家分辨風水法寶的三個步驟：

1. 從材質來辨別

材質是否為原礦、原石的，如寶石、瑪瑙、玉等等，這類開運物氣場比較強，加持效果比較持久。另外，材質若為金銀銅鐵，自然比塑膠、玻璃等能量高，而且用好的材質不僅能夠開運，還能保值，一舉數得。

2. 從技藝來辨別

至於佛像、掛畫，當然是手工、手繪的物品才是好的，遠比大量生產的為佳。而手工當中，可以做工細緻或粗糙來辨別法寶的加持度。

3. 從來源判別

獲得來源的地位要比自己尊貴，如法王、高僧、名師為佳。

居家擺飾、植物，興旺生機

覺得家中的運勢不夠旺盛，卻也沒有做任何擺設嗎？這樣實在可惜，其實只要利用一些生活小物，運勢便可簡單增加。接著，要來教大家幾項輕鬆取得又能增加好運的擺設。

✦ 一、植栽 ✦

居家環境中常常為美化環境而擺放盆栽作裝飾，其實在風水上，植栽也是很好的開運招財擺飾，因此，該擺放哪些植物為佳呢？以下整理常見的一些風水植栽：

1. **鳳梨花**：鳳梨象徵興「旺」，擁有許多小鳳梨的鳳梨花更是象徵了好運旺旺來，因此在家門口的左右兩邊可擺放鳳梨花，便能提升家中運勢帶來好運。

2. **金桔樹**：桔子象徵大吉大利，可將綁上紅緞帶的金桔樹成雙成對擺放在陽台，尤其是在過年期間擺放，象徵在新的一年添財又添運。

3. **開運竹：**為居家最常見的開運盆栽，取其開運之吉祥寓意，當前後陽台同向時，可在後陽台種植松柏、石榴的盆栽或是四盆開運竹，有助於提升後代子孫文昌，擺放在家中不但美觀又添運。但是，開運竹的擺放有兩點要特別注意：

- 開運竹要綁紅緞帶才能化陰為陽，如此才能有開運的效果，以避免有招陰的危險。

- 開運竹並不適合擺放在財位，因為開運竹屬木，金來剋木主破財，如果家中擺了很多開運竹，反而容易漏財。建議要放在東方屬木或北方數水，在五行中都是相生的屬性。

4. **黃金葛：**易生長、葉子翠綠美觀的黃金葛，常為居家植栽首選。當馬桶朝屋前時，可將黃金葛盆栽擺在馬桶上方，並用投射燈點亮，如此以土克水、水生木，形成五行相生相剋的關係，能克制漏財的情形，亦可改善廁居中的房屋格局。

▲以居家風水來説，在家中擺放合適的植栽能有效開運。

5. **桃花、百合：**取其桃花開、百年好合之寓意，可在客廳或房間擺放，有助於提升人緣桃花運，增進人際關係。

6. **蓮花水缸：**風水上水代表著「財」，當房屋財水薄弱，以及遇到無尾巷的位置時，可擺放蓮花水缸來接財水，取其植物的生命力及象徵，能聚集財富。

風水！不求人

植栽擺設禁忌

不是所有的植物都適合風水上使用擺放，以下兩點需留意：

❀ **禁放假植栽：**在風水中，最忌諱陽宅中有假的植物，如擺放人造花朵，易遭人虛情假意，所以花卉植栽應為真實植物為佳。

❀ **避免爬藤類、帶刺植物：**如擺放爬藤類的植物和帶刺的植物，可能會犯小人、有口舌是非。除非是面對屋外煞氣，可用仙人掌、玫瑰、棕竹等帶刺植物擋煞，否則千萬不可將這類植物放在財位上，不然不僅無法招財，還會阻擋財氣入屋，就適得其反了。

▲人造花不適合擺放在家中。

✛二、魚缸✛

風水上「水為財」，流動不停的水更是代表著錢財滾滾而來，魚缸即具有這項特質，而魚兒們在水中悠游亦有觀賞的價值，因此，為了招財、美觀，許多人都會選擇在家中或辦公處擺設風水魚缸。但是，魚缸的擺設方位甚為重要，擺放魚缸適宜的方位有那些呢？請參考以下統整表格！

適宜方位	功效
北方	北方在五行中屬水，可以帶來水水相生，增加財運。
東方	東方在五行中屬木，而木能生水，可以增加智慧。
西方	西方在五行中屬金，金水相生，增加財運。
西南方	流年財位至 2023 年止是在西南方，將魚缸擺放在這個方位，也能達到招財的功效。

另外，魚缸的擺放也有需要留意之處：

1. **避免擺在居家的正中央：**切記，居家正中央的方位屬土，水土相剋，不宜擺放屬水的魚缸，否則易有腸胃問題及皮膚疾病。此外，東北方、南方、東南方亦皆不可擺放魚缸，因此三方位亦是帶有土的屬性，是五行相剋的方位。

2. **魚缸水位八分滿：**除了八分滿外，水質必須清澈乾淨。

3. **魚群尾數要留意：**養殖魚群需肥美健康，且魚數應避免尾數為三、四、七，盡量選擇養兩隻或八隻等雙數，代表年年有餘、招來財運的效果，或是也可以養九隻，因為九是陽數之極，代表著最吉利的數字。

4. **不可在魚缸內擺設人像擺飾：**許多人會在魚缸內造景，但需要注意，不能在魚缸內擺放人像的擺飾，此舉易敗壞運勢。

5. **魚缸出水口宜朝屋內：**魚缸的出水口應朝向屋內，以求財水滾滾而來，避免漏財。為加快求財速度，可將 168 枚硬幣加入水中煮滾，放涼後為「財水」，再將財水加入魚缸之中，更可帶動財運增強，硬幣則可攜帶在身上作為錢母。

6. **不可放置空魚缸：**空魚缸在風水中象徵乾枯的井，代表錢財不生，人丁不旺。詹惟中老師建議可加滿水，放入錢幣，有如聚寶盆。

▲很多人都喜歡在家中設置魚缸，但魚缸的擺設風水大有學問。

✦三、字畫、繪畫✦

　　為了美觀居家環境，創造文藝氛圍，常常會懸掛字畫、繪畫……
等各式各樣的擺設畫作，除了各選所好之外，如果家中牆壁過於空
曠，也會帶來「家徒四壁、處處撞壁」的影響，假使能將適合開運
的繪畫懸掛在正確的位置上，更能增添好運、趨吉化煞。以下為大
家說明：

1. 山水畫

　　山水畫是常見懸掛於家中的繪畫圖案，圖畫內容須注意水流方向，
水流應流進家中勿往外流。且南北向的房子，山水畫應掛右邊，東
西向的房子，山水畫應掛左邊。此外，亦適宜懸掛在客廳的沙發後
方，象徵背後有靠山，提升事業上的貴人運。當房屋龍邊撞壁，需

▲山水畫是家中常見的擺設畫作。　▲花開富貴的牡丹花卉畫可增強桃花運。

要提升男主人運勢時，可在龍邊懸掛山水畫增強運勢。

2. 花卉畫

花卉畫中最常出現的就是「花開富貴」的牡丹圖，還有菊花、向日葵圖，皆能增強桃花運。畫中內容須注意禁止帶刺，而且要花朵茂盛，適宜擺在沙發或床頭後方。

3. 九如畫

九如畫是繪上了九條活魚的圖畫。「九」取其長長久久之意；「魚」取其萬事如意，有喻意年年有餘。九如圖可使家人心平氣和、和樂融融。

風水！不求人

不宜擺放在室內的畫作

有些不適宜懸掛的繪畫也要特別留意，例如：

❀ 客廳沙發背後懸掛空曠背景或是夕陽西下風景畫、照片，易造成運勢下滑。

❀ 床頭掛有湖泊圖案的話，形同淋頭水，易影響睡眠，並且易讓財運擦肩而過。

❀ 水果食物的繪畫不適合放在臥室，應該擺放在餐廳裡增加食祿，代表豐衣足食。

4. 神明畫

　　神明畫像可以安定人心，改善健康運。而山水畫與神明像所帶來的效果不太一樣，詹惟中老師表示神明畫像雖也代表靠山，但是代表會有貴人錢財；山水畫是累積財氣、財水，有遠方財的意思，對需要到各地去拓展、常常東奔西跑的工作是加分，想無遠弗屆、開發業務的都可懸掛。

5. 心經字畫

　　將心經字畫懸掛於客廳牆上，有助於家人感情和諧。

▲在居家牆上掛心經字畫能有助家庭氣氛。

6. 駿馬圖

　　萬馬奔騰的駿馬圖適合在工作場合懸掛，能帶動工作氣勢，特別是業務單位，能讓職員有衝勁，能四方招攬業務。因此，駿馬擺放方向相當重要，且放辦公室跟放家裡的方向應是不一樣的。

▲駿馬圖適合擺放在工作場所。

駿馬圖擺放方向	
辦公室	・馬向門口：象徵員工會在外拼命奔跑替公司賺錢。
	・馬向室內：象徵員工意興闌珊，提不起勁工作。
住家	・馬向門口：如脫韁野馬，家人都愛往外跑，把家當旅館。
	・馬向室內：象徵家人喜歡待在家，家庭氣氛融洽。

✤ 四、門簾 ✤

最為簡易的居家風水裝飾莫過於門簾，風水上講求「去形化煞」，當居家裝潢上遇到門、廊道沖煞時，門簾就成為制煞的好幫手。以下舉三個例子：

・灶後背門，以懸掛門簾化解，灶後有門須加裝門簾，讓灶後有靠。

・壁刀切門，宜加裝能覆蓋三分之一以上面積的門簾。

・房門對沖時，懸掛在位階較小的房門或較弱的、不好的房門上，將其包住，以化解沖煞。例如：母親房門對子女房門，掛子女房門，廚房對廁所，掛在廁所門上。

以上去煞用的門簾，務必選用不透光材質，如此才會有效力。此外，雖然我們常說可以掛門簾就能簡單化解沖煞，但門簾其實只是

其中一種化解法，如果每到一個空間就被門簾困住，反而會有做事、思想故步自封的問題，應該要視家中狀況，相互使用不同的化煞物才對。且不應在廊道上懸掛門簾，否則反而會造成阻礙氣場亦影響家運。

風水! 不求人

房屋中央擺設禁忌

房子的方位基本原則為左青龍（五行中屬木）、右白虎（五行中屬金）、前朱雀（五行中屬火）、後玄武（五行中屬水）、中勾陳（五行中屬土），因此，根據五行相生相剋原則，有些擺設不可隨意擺放在房屋中間，以下三點提供大家參考：

❀「木剋土」，象徵木的植物放錯位置，就像把木放在房子中間，形成困字，會造成家裡的人運勢不順。

❀「土剋水」，如果在房子中間放魚缸，代表水流無法流動，也容易影響到腸胃、皮膚出狀況的問題

❀ 此外，房子正中間也不建議放置臥床，因為會形成一個「囚」字，帶來不好的運勢。

開運妙方，前途無量

前面介紹了許多擺設吉物，讓你能夠不改陽宅格局，光靠風水寶物、植物植栽等等來化煞納福，除此之外，還有一些開運妙方，可以快速提升你所欠缺的能量與居住磁場。下列就一一來介紹開運步驟與方法。

✤ 聚財開運！財運亨通小秘方 ✤

很多人說茶壺可以聚財，但是茶壺真的可以聚財嗎？以下就讓我們來介紹幾點聚財的小秘方。

1. 壺器（福氣）聚財法（詹惟中老師提供）

茶壺裡擁有著壺氣，而「壺氣壺氣」諧音就變成了我們常說的「福氣」，所以茶壺就是福氣的象徵，如果將茶壺擺放在好的地方，便可以增加家中的福氣；如果再將 168 元錢幣裝進瓷器茶壺中，到天爐過火三圈後，放置在財位招財，例如放置在：冰箱、米缸、保險箱上，代表著有財又有福，如果在茶壺上綁上紅線，更是有加分效

果，也能夠招來更多錢財。

但是聚財的茶壺有一個大原則要
注意，茶壺必須要是土製的，代表
土金相生，金屬、銅製的茶壺代表
著錢財增加，也都能使用；相反的，
不能夠使用透明或者塑膠的茶壺，
因為它們所含的能量不足，並不能
為我們帶來聚財的效果唷！

▲在茶壺中放入 168 元的錢幣
就能夠聚財招福。

2. 事業強運法（湯鎮瑋老師提供）

經濟不景氣，出外工作事業不順遂，連帶地就會發生許多問題，
而當景氣不好時，事業一定要做得更好，事業一旦穩定，正財也會
比較穩，而偏財也會跟著來，現在就來教大家如何突破困境，幫事
業加分。要準備的物品有：

- **開運竹**（大小不拘，但要竹子要一節一節的代表節節高升）
- **五色水晶一盤**
- **紅包袋一個**
- **關帝廟香火**（求職求財都可以拜關聖帝君）

・**八枚寫好八卦的十元硬幣**（在硬幣上用紅色麥克筆，依序寫上八卦的象徵，順序為：乾、兌、離、震、坤、艮、坎、巽，記得要保留人頭，八卦寫在十元那一面上）

準備好以上物品，接下來就來教大家如何把事業運打開囉！

Step 1： 在紅包袋上寫上自己的名字和願望。

Step 2： 將從關帝廟求來的香火放入紅包袋內。

Step 3： 放好後，將紅包袋壓在開運竹底下。

Step 4： 將五色水晶倒入盆栽內。

Step 5： 將寫有八卦的硬幣，依序放入盆栽圍成一個圓圈，切記，人頭要朝上，象徵出人頭地、節節高升。

Step 6： 全部完成後，將開運竹放在客廳正北方的位子；正北方在2017年是五曲星的方位，代表事業；也可擺放在南方，南方代表你的名聲、名氣，所以當事業做出名聲、名氣時，你的事業自然就會節節高升。

3. 催財妙方（謝沅瑾老師提供）

此方法也可以補強財位布局。首先要找出財位，在房間財位的位子，放上一盞燈；再準備一張黃紙，上面寫「元辰光彩、財源廣進」

八個字貼在燈上，以增進財運。

✛ 家庭幸福！夫妻感情增進法 ✛（湯鎮瑋老師提供）

　　擁有一個好的風水房屋，可以使男女主人都有著好的運勢；相反地，如果不小心住到風水不佳的房子，不僅會讓夫妻雙方運勢下滑，甚至可能連帶會影響到你們之間的感情唷！想要夫妻之間能夠有和樂融融的感情生活，當然免不了用一些小祕方來開運；今天，就來教大家如何增進夫妻感情的小祕法。

Step 1：首先，找出自己與另外一半的生肖，或者找有龍和鳳圖騰的飾品。龍鳳分別意味著男和女；龍代表丈夫，而鳳代表妻子。

Step 2：用紅紙或紅包袋寫上雙方的名字，將寫好名字的紅包袋放在各自的生肖下面；使用龍鳳圖騰的人，就將男生壓在龍的下方，而女生壓在鳳下方。

Step 3：參考農民曆，找尋有天德月德的日子，並且避開當日犯沖的生肖，天德日與月德日代表和合的意思，也代表會遇到貴人，是夫妻之前感情增溫的象徵。

Step 4： 最後一個步驟，要配合風水的布局，將生肖擺件以及洗好的杯子放在九宮飛星每年右弼方的位置。右弼方象徵喜慶的方位，代表家中有喜事，或是吉祥的象徵，而每一年的右弼方位置不同，2017 年的右弼方位置在東南方。

完成所有步驟後，就可以幫助夫妻感情更加綿密，幸福快樂囉！

風水！不求人

男主人運勢提升法

客廳象徵男主人的運勢，如果家中男性在外運勢不佳，詹惟中老師建議可以在客廳沙發底下放置放九顆鵝卵石，並排成圓形，以提升氣場，可以助他在事業及人緣上一臂之力。

✤ 拓展人緣！十二生肖桃花位 ✤

社會上霸凌案件層出不窮，小朋友有時在學校被同儕朋友沒來由地敵視、排擠，這種情況時常發生，這時候如果小朋友個性又太內

向，不願意表達，日積月累下，就會影響小孩的身心靈發展。又或者，職場與生活中，總是有小人纏身，如果不想遇到這樣不愉快的經驗，就透過下面改變人緣的好方法，避免小人上門！讓大家可以開拓人緣、人見人愛。

Step 1：十二生肖人緣桃花位

　　首先，依照小孩的十二生肖，找到屬於他的人緣桃花方位。東：虎、馬、狗／南：蛇、雞、牛／西：猴、鼠、龍／北：豬、兔、羊。

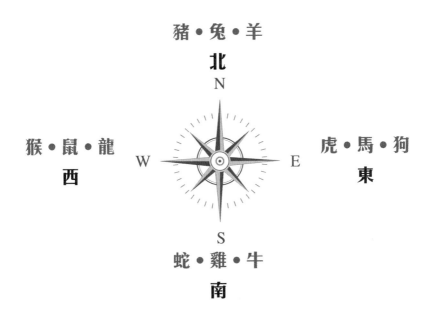

Step 2：準備布陣

找到十二生肖桃花位後，我們要準備紫色和粉色水晶柱或水晶球，如果人際關係非常糟糕，那就準備紫色和粉色的水晶柱；如果只是想要增加人氣、桃花，那就準備紫、粉色的水晶球，並將兩個水晶要同時擺放在十二生肖桃花位上。若特別想要針對個人來增加他的人緣，就將他穿過的衣服剪成一塊布，並壓在水晶下方。

只要完成這兩步驟，便能夠對你的人緣有所改善！

✤ 提升長輩緣！紅紙賜福術 ✤

有些人就是很容易與長輩或上司聊得很投緣，有些人說什麼就是無法討老闆、婆婆的歡心。不論生活還是工作上，只要有好的長輩緣，就容易帶來更多機會與發展，因此下列提供一個加強長輩緣的祕法。

Step 1： 準備一片竹片，或紅紙。

Step 2： 用黑筆寫上「天官賜福」四個字。

Step 3： 到三官大帝廟（天官、地官、水官），向天官祈求長輩緣，並拿這竹片或紅紙，請天官加持且過香火。

Step 4： 由於元宵節正值天官生日，因此最好在當日到天官大帝廟
　　　　 祈求。如果無法元宵節當日前往，也可於每月農曆十五日
　　　　 到廟中祈求。

Step 5： 將竹片／紅紙擺在客廳或臥室的右弼方。根據每一年的流
　　　　 年，方位會有所不同，2017 年位於東南方。

✦ 孩童壓驚，民俗治療法 ✦

　　如果家中小孩八字較輕，或是時常會有哭鬧、睡不好，甚至是不
好帶的現象，有一些民俗方式提供大家參考。

1. 在門上貼十二生肖八卦錢

　　在小孩睡覺的房間門前或者在他的手上用紅線綁上十二生肖八卦
錢。十二生肖八卦錢約有五毛錢大，一面為十二生肖，另一面則為
八卦。

2. 認神明為父母

　　一般小孩如果老是夜哭、夜啼，或是常常嚇到要收驚，在民間裡，
會給神明做乾兒子、義子或義孫，可以保佑小孩平安長大。

3. 認乾爸媽

讓小孩認有福氣的夫妻為乾爸乾媽，可以為小孩帶來福氣；有福氣的夫妻，本身感情好，且育有兒女，若夫妻感情本身就不和諧，也沒有兒女，那麼就較不建議讓小孩認為乾爸乾媽。

4. 要別人家的水、米給小孩吃

古代閩南語有一句話說：「吃別人家的米，做別人義子」，當家中的小朋友不好帶，可以去村子、社區大樓裡，多跟其他戶人家要水、米，然後再把別人家的水、米，與自己家混在一起，煮好後給小朋友吃，小孩就會比較好帶。

風水！不求人

廟裡求來的符咒怎麼用？

寺廟、進香求來的符咒，多半為祈福或解除災厄，將神明的力量化為實體帶來平安，但是該怎麼使用，才能發揮該有的效果？詹惟中老師表示，符咒的使用方法很多種，像「燒、佩、貼、食、煮、擦、噴、抹」，通常都是要與身體接觸、或是貼在門上、床前等等，依功能性做使用，但是最重要的是一定要在該廟的主爐順時鐘繞三圈，以及同一地方不要重複貼。

5. 錢幣丁字壓治法

首先準備紅地毯放置後陽台外，把 36 枚一塊或十塊硬幣排成一個「丁」的圖騰，貼在紅紙上，並要注意「丁」字的尾巴要朝向屋內。然後將紅紙放於紅地毯下，象徵將小孩氣勢踩於腳底。

✛ 祈神保佑，拜神也要對症 ✛（謝沅瑾老師提供）

俗話說，拜神明就像看醫生一樣要對症下藥，拜神明就要拜對神明，就像看醫生要看對科一樣，如果拜錯神明、看錯醫生，可是沒有效果的。現在就要來跟大家介紹，家庭出了狀況，如何對症下藥呢？什麼樣的症狀，要拜什麼的神明呢？這些神，你拜對了嗎？

1. 身體病痛纏身 —— 保生大帝

健康頻出狀況，病痛不斷纏身，就要拜保生大帝。保生大帝以前是個醫生，相傳有一次老虎吃人，但吃人的骨頭不小心卡在喉嚨，老虎就急忙尋求保生大帝的幫助，保生大帝便將老虎醫治好，從此以後老虎也不再吃人，回山上去了；在民間裡頭也有人說，保生大帝只要輕輕在龍的眼睛點上一點，龍便開始活了起來。保生大帝對萬物來說，可醫治百病，所以如果健康出了問題，就要拜保生大帝，

可以保佑大家身體健康平安。

2. 有難產的可能 ── 臨水夫人

很多人可能誤認為懷孕生小孩的問題就要拜註生娘娘，必須要來幫大家釐清這個錯誤的觀念。

- 還沒懷孕，想要求子 ── 註生娘娘；
- 已經懷孕，希望孕程平安順利 ── 臨水夫人。

臨水夫人是保佑女人在懷孕過程能夠平安順利，所以記得如果有難產的可能，千萬不要拜錯神明，不然是沒有效果的。

3. 夫妻感情不順 ── 和合二仙

夫妻的感情出了問題，那就要拜和合二仙；和合二仙原本是兩個神明，他們是很好的朋友，到後來民間裡頭因為「和合」代表著婚姻、男女，所以，只要有夫妻感情上的糾紛就會請和合二仙來幫忙解決，增進夫妻感情。

4. 小孩不乖或出現奇怪舉動 ── 十二婆姐

十二婆姐為臨水夫人旗下的神明，如果家中小孩不好帶，或出現怪異的舉動，任何有關小孩的疑難雜症，都可以拜十二婆姐，來保佑小孩可以平安乖巧。

5. 招財生財──土地公、五路財神

一般人想到財運，可能會聯想到象徵和氣生財的彌勒佛，又稱為布袋和尚，彌勒佛雖然生財，但通常都是擺飾，要祭拜神明的話，比較適合拜土地公跟五路財神。

✚ 節慶布置，新年開運法 ✚（謝沅瑾老師提供）

春節過年是最傳統也是最重要的節慶，家家戶戶都希望能在新的一年一開始就擁有好彩頭！下文就來告訴大家如何在春節期間把財氣打開，讓大家在新的一年都能財運滾滾來。

1. 新年期間，房間要如何布局才可以添增財運？
──需要準備的材料：新的十元硬幣、紅包袋──

主臥房代表著財庫，過年前，我們可以準備新的十元硬幣，並將硬幣撒向主臥室的四個角落，切記，一定要讓錢幣在撒落時發出叮叮咚咚的聲響，象徵財運滾滾來；最後，要保留兩枚錢母放入紅包袋中，並將其放入主臥房的抽屜，代表把所有財氣帶入家裡頭，錢母也絕對不可以花掉，要一直維持到元宵節，才能將四個角落的錢幣收起來，財運才會打開。

2. 過年前，客廳該怎麼除舊布新呢？

首先，先準備四塊完整的磚塊，接著用金色的包裝紙包好，然後放在房屋內的四個角落，代表新的一年金塊堆滿屋。只要在過年時，透過金磚旺財祕法，就能讓未來一整年財運亨通。

此外，入宅時也可以使用此方法，無論是買中古屋或新屋，只要是搬進去的入宅日皆可。若是已入住的舊宅也適用，選擇農民曆上避開家人生肖沖犯、且適宜「祭祀」的吉日吉時，進行擺放。

3. 過年期間怎麼貼春聯呢？

「福」宜貼在房間門，貼在大門並沒有效用，春可以貼在冰箱、米缸，象徵年年有餘的意思。以上這些春聯適合倒著貼，代表春到、福到。

4. 過年時，陽台該如何布局，可以招來好運？

——需要準備的材料：象徵錢幣的圓形葉片、象徵錢財的金桔——

過年期間，可以準備一盆金桔樹，金桔在民間裡的說法象徵大吉大利，而桔樹的諧音也為吉數，綁紅緞帶後，再將金桔樹放到陽台，就代表添財又添運，有些人會選擇放置兩對金桔樹，也代表著成雙

成對的意思。

　　只要做好以上這幾個小小的步驟，就可以在新年期間成功開運，讓大家一整年都有好運勢。

風水！不求人

利用房間座向來招財

居家風水，大家都知道要在財位上放置寶物招來財運，但是如果不小心放錯了財位，不僅招不到財，連運勢都可能降低。因此詹惟中老師要教大家如何用座向來招財！

❀ **東西向的房間**：要選擇在有太陽光照進來的地方擺放魚缸、盆栽或是水晶洞，擺放這些東西在光源處，對東西向的房間是旺財、加分的。

❀ **南北向的房間**：要選擇在風口，一樣是擺放魚缸、盆栽或是晶洞，放置的位子不一定要有光線，但是要通風才能帶來財氣。

這兩種方法很簡單，只要稍為布局一下，都可以為自己帶來財氣唷！讀者朋友不妨試試吧！

玩藝 44

風水！有關係 不動格局，超強擺設開運法

跟著風水名師這樣做，不必大動工程，就能開創事業新局、招財迎福、好桃花跟著來。

作　　　者── 緯來綜合台
文字整理── 郭茵娜
圖片提供── 緯來電視網、魔術空間設計 COMPAGNIE DE PROVENCE
封面設計── 潘大智
版面構成── 葉若蒂
責任編輯── 程郁庭
責任企劃── 汪婷婷
行銷協力── 野火娛樂、薛培梅、古佩穎、吳丹升、王怡文

總 編 輯── 周湘琦
董 事 長── 趙政岷
出 版 者── 時報文化出版企業股份有限公司
　　　　　　108019 台北市和平西路三段 240 號 2 樓
　　　　　　發行專線── (02)2306-6842
　　　　　　讀者服務專線── 0800-231-705　(02)2304-7103
　　　　　　讀者服務傳真── (02)2304-6858
　　　　　　郵撥── 19344724 時報文化出版公司
　　　　　　信箱── 10899 臺北華江橋郵局第 99 信箱
時報悅讀網── http://www.readingtimes.com.tw
電子郵件信箱── books@readingtimes.com.tw
風格線臉書── https://www.facebook.com/bookstyle2014
法律顧問── 理律法律事務所　陳長文律師、李念祖律師
印　　　刷── 勁達印刷有限公司
初版一刷── 2016 年 12 月 2 日
初版五刷── 2023 年 11 月 7 日
定　　　價── 新台幣 360 元

版權所有 翻印必究（缺頁或破損的書，請寄回更換）
時報文化出版公司成立於 1975 年，並於 1999 年股票上櫃公開發行，於 2008 年脫離中時集團非屬旺中，以「尊重智慧與創意的文化事業」為信念。

風水！有關係 不動格局，超強擺設開運法：跟著風水名師這樣做，不必大動工程，就能開創事業新局、招財迎福、好桃花跟著來。/ 緯來綜合臺著 .-- 初版 .--
臺北市：時報文化，2016.12　面；　公分 .--（玩藝；44）
ISBN 978-957-13-6837-5(平裝)

1. 相宅
294.1　　　　　　　　　　　　　　　　　　　　105021250

特別感謝：

 COMPAGNIE DE PROVENCE Ai 建築及室內設計 (P.16、111)、瓦匠空間設計 (P.17)（提供圖片）

風水！有關係 讀者活動回函

風水問題一大堆，方位、座向、財位、煞氣，該怎麼做能能不更動現狀格局，又能風生水起，五運全開？

別擔心～只要您完整填寫讀者回函內容，並於 **2017/02/20** 前寄回時報出版（以郵戳為憑），我們將週週抽出幸運讀者，除了可以獲得三位風水大師親自開光加持的風水小物外，我們還會在《風水！有關係》粉絲團，由三位大師親自直播解答您的風水疑難雜症，讓您雞年運勢大開，錢財貴人桃花滾滾來！

01. 詳述您需要老師幫您拯救風水的問題？

_____

_____

_____

_____

貼圖：

02. 請問您在何處購買本書籍？
　　□誠品書店　　□金石堂書店　　□博客來網路書店　　□其他 _____

03. 請問您購買本書籍的原因？
　　□喜歡主題　□喜歡封面　□價格優惠　□喜歡購書禮　□實用　□ QRCode　□其他 _____

04. 您從何處知道本書籍？
　　□書店 _____　□網路書店 _____　□量販店 _____　□報紙 ____ _　□廣播 _____

　　□電視 _____　□網路媒體活動 _____　□朋友推薦　□其他 _____

讀者資料：

姓名：_____ □先生 □小姐　年齡：_____

聯絡電話：（H）_____（M）_____　職業：_____

地址：□□□_____

Email：_____

注意事項：1. 本問卷請將正本寄回不得影印使用
　　　　　2. 本公司保有活動辦法更改之權利，並有權選擇最終得獎者。

風水！有關係

{不動格局 超強擺設開運法}

跟著風水名師這樣做，不必大動工程，
就能開創事業新局、招財迎福、好桃花跟著來。

讀者活動回函

※ 請對摺後直接投入郵局，請不要使用釘書機。

廣	告	回	函
台北郵局登記證			
台	北	廣	字
第	2 2 1 8		號

時報文化出版股份有限公司

108019 台北市萬華區和平西路三段 240 號 2 樓

第三編輯部收

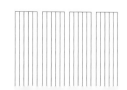

Neogence 霓淨思

拉升亮眼指數，
下修視覺年齡。

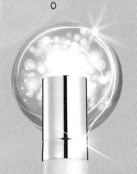

冰感按摩設計

全能緊緻亮眼霜
PERFECT FIRMING RENEW EYE CREAM

全球首創　皇家專屬

紫蘿蔔霓飲

Queen 2016
女人我最大
美妝大賞
最佳口服美容保養賞

2016 mina Award Thanks
網路人氣感激賞

守護晶采　盈潤青春 2 in 1

☑ 法國紫蘿蔔　☑ Luking®水溶性葉黃素　☑ 美妍波森莓

強效晶潤：獨家法國紫蘿蔔萃取與專利Luking®水溶性葉黃素，雙管齊下加倍有感！紫蘿蔔以低溫活性萃取科技，經研究證實含有類胡蘿蔔素，養護健康更全面！搭配高規格Luking®水溶性葉黃素，好吸收、不堆積體內造成負擔，加乘山桑子、DHA藻油，強效防護、終結健康惡勢力。

美妍升級：佐以有健康花青素、青春美妍的波森莓萃取、維生素E有助於減少自由基產生，不僅輔助紫蘿蔔與水溶性葉黃素之效能，更由內啟動美麗能量打造青春基底！每天一瓶只有21.6大卡，守護青春晶采人生。

官方網站 www.homedr.com.tw　　諮詢專線 0800-212-212　　 @homedr　　 Home Dr.功能性食品領導者

NOL CORPORATION CO.,LTD.

日本原装

甜蜜之家 居家造型沐浴香氛

可愛さ満点！
乙女心をくすぐる
キュートなバスギフト♪

大人の乙女ゴコロをくすぐる
スウィーツな入浴料。

凡爾賽
氣泡香檳沐浴組

英式佳釀
香氛沐浴劑

奶油夾心餅乾
泡泡沐浴球

造型馬卡龍
泡泡沐浴球

造型棒棒糖
泡泡沐浴球/香皂